Q&A
フリーランス法の
解説

鎌田耕一・岡田直己…[編著]
中野雅之・石川哲平…[執筆]

三省堂

■ はじめに ■

　働き方が多様化する中で、発注事業者から業務を受託して、自分だけで業務を行う人たち「フリーランス」が増えています。フリーランスは、組織である発注事業者との関係で情報量や交渉力に格差があることから、取引条件が不明確な契約や自分に不利な内容の契約を余儀なくされたり、発注事業者又はその従業員からハラスメントを受けたりするなど、様々な問題が指摘されてきました。

　こうした指摘を受けて、「特定受託事業者の取引の適正化等に関する法律」（通称「フリーランス法」）は、フリーランスの取引の適正化と業務に従事する者の就業環境の整備を目的として、2023年4月に制定されました。

　フリーランス法は、事業者間取引の適正化をはかるために、主に独禁法と下請法に定めるルール、例えば、取引条件の明示義務、発注事業者による不当な取引行為の禁止を定める一方で、労働関係法令で定めるルール、例えばハラスメント防止の体制整備や、育児介護等を担うフリーランスへの配慮を義務づけています。この法律の大きな特徴は、経済法と労働法で用いられた仕組みを参考にして立案されたことにあります。

　本書は、こうした特徴をもつフリーランス法を解説するためには、経済法と労働法のそれぞれの分野の専門家であって、フリーランスの実態に詳しい者が共同する必要があるという考えから企画されました。そこで、公正取引委員会「特定受託事業者の取引の適正化に関する検討会」及び厚生労働省「特定受託事業者の就業環境の整備に関する検討会」の委員であった私たちが編著者となり、さらに、公正取引委員会と厚生労働省の実務に詳しい弁護士の方に執筆に参画してもらいました。読者は、本書の随所で独禁法、下請法、労働法とフリーランス法を対比する記述に触れるでしょう。

　私たちは、弁護士、企業法務担当者そのほかフリーランス問題に関心がある専門家と共に、業務委託で働くフリーランスの方にも本書が有益

はじめに ── i

であってほしいという思いから、できるだけ分かりやすい表現で標準的・客観的に記述しようと心がけました。そのため、本書における解説は、公正取引委員会、厚生労働省が公表している各種の規則、指針、Q&Aなどを正確に踏まえたものとなっています。また、特定受託事業者、特定受託業務従事者などの用語がやや紛らわしいことから、これらを「フリーランス」と表現しています。さらに、解説の要点が分かるように、設問に対して簡潔に回答を示したうえで、図表、グラフを随所で用いて詳しく解説するという手法をとりました。

フリーランス法は2024年11月1日に施行されました。この法律に生命を吹き込むのは、行政機関の担当者のみならず、フリーランス、実務家など関係者の皆様です。本書がこうした皆様に少しでも有益となることを願っています。

本書は、企画段階から、三省堂の黒田也靖氏が積極的に関与され、様々な場面で適切な助言・協力を頂戴しました。また、執筆に当たって、岩田合同法律事務所の弁護士である松田大樹氏、鈴木莉子氏にもご協力頂きました。この場を借りて厚く御礼申し上げます。

2024年11月

編者

目　次

序章　フリーランス法とフリーランス保護

第1節　フリーランスという働き方の特徴と課題 ——————— 2

第2節　フリーランスの保護を巡る政策の動き ——————— 5

第3節　フリーランス法の制定 ————————————— 9

第4節　フリーランスに対する安全衛生対策と業務災害補償 — 10

第1章　立法経緯と主な内容

Q1-1　フリーランス法の制定経緯 ···································· 14

フリーランス法が制定された経緯を教えてください。

Q1-2　フリーランス法の主な内容 ···································· 18

フリーランス法の主な内容を教えてください。

Q1-3　フリーランス法は独禁法及び下請法とどのような適用関係にあるのか

··· 22

フリーランス法の適用は独禁法や下請法よりも優先するのですか。

Q1-4　フリーランス法と労働法の適用関係 ······················ 25

フリーランスに対して労働法が適用されますか。フリーランスが労働者かどうか判断するための基準を教えてください。

コラム1　フリーランスの労働者性を争った事例 ························· 28

第2章　目的と定義

Q2-1　フリーランス法の目的 ·· 32

法1条は法の目的を規定しています。フリーランス法が制定された趣旨・目的は具体的にどのようなものですか。

目　次 —— iii ●

Q2-2 フリーランスの定義 ･･ 36

法2条1項において、フリーランスについては「特定受託事業者」という
語で定義されています。「特定受託事業者」とはどのような者を指すのかに
つき説明してください。また、法2条2項において、フリーランスについ
ては「特定受託業務従事者」という語でも定義されています。なぜこのよ
うな定義も設けられたのかにつき説明してください。

Q2-3 「業務委託」の意義 ･･･ 40

フリーランス法の適用対象となる「業務委託」とは、具体的にはどのよう
な行為を指しますか。

Q2-4 「業務委託事業者」と「特定業務委託事業者」の意義 ･･････････ 47

フリーランス法の適用対象となる発注事業者として、「業務委託事業者」と
「特定業務委託事業者」が定められていますが、それぞれどのような事業者
を指しますか。また、発注事業者とフリーランスとの間を仲介するいわゆ
る仲介事業者は、これらに該当しますか。

コラム2 芸能・クリエイティブ分野における芸能事務所と
芸能実演者の関係 ･････････････････････････････････････ 50

Q2-5 「報酬」の意義 ･･･ 51

フリーランス法では、「報酬」の額及び支払期日並びに現金以外の方法によ
り報酬を支払う場合の支払方法に関する事項についてフリーランスへ明示
することが要請されていますが、「報酬」とはどのようなものを指します
か。

第3章 特定受託事業者に係る取引の適正化

第1節 取引条件の明示義務（法3条）

Q3-1 取引条件の明示義務（3条通知義務）の意義 ････････････････ 54

なぜ業務委託事業者はフリーランスに対し3条通知により取引条件を明示
しなければならないのでしょうか。フリーランス法3条通知と下請法3条
書面との相違点についても教えてください。

Q3-2 3条通知による明示事項 ････････････････････････････････････ 58

どのような事項を3条通知によって明示しなければならないのでしょうか。

Q3-3 取引条件明示の時期及び方法 ·· 63

業務委託事業者は、いつ、どのような方法で3条通知により取引条件を明示する必要がありますか。

Q3-4 業務委託時に内容が定められない事項がある場合 ······················ 67

取引条件の一部につき、業務委託をした時点で定めることができない事項があるのですが、当該事項につき明示しないことが許容されますか。許容される場合には、どのような対応が必要でしょうか。

第2節　報酬の支払期日等（法4条）

Q3-5 報酬支払期日の設定 ·· 70

報酬の支払期日を定める義務が設けられた趣旨や、支払期日の原則について教えてください。

Q3-6 支払期日までに報酬を支払わないことが許容される場合 ············· 77

支払期日までに報酬を支払わなくとも許容される場合はあるのでしょうか。

Q3-7 再委託の例外 ··· 80

再委託の場合、報酬の支払期日は異なりますか。また、元委託者から前払金の支払を受けた場合、どのように対応すればよいでしょうか。

第3節　特定業務委託事業者の遵守事項（法5条）

Q3-8 遵守事項（禁止行為）を定めた目的は何か ······························ 87

法5条が遵守事項を定めた目的、遵守事項の対象者が特定業務委託事業者に限定された理由は何ですか。また、独禁法が禁止する優越的地位の濫用、下請法が定める親事業者の遵守事項などと比べた場合、本条の特徴はどのようなことに認められますか。

Q3-9 政令で定める期間以上の期間 ·· 90

法5条1項が定める「政令で定める期間以上の期間」とは何ですか。法13条1項が定める「継続的業務委託」との違いは何ですか。また、「政令で定める期間以上の期間」の該当性は具体的にどのように判断されるのですか。

コラム3　「契約の更新」における給付等の内容の「同一性」 ·············· 94

Q3-10 受領拒否の禁止（法5条1項1号）·· 96

法5条1項1号（受領拒否）が禁止していることはどのような行為ですか。また、「特定受託事業者の責めに帰すべき事由」とは具体的には何ですか。

Q3-11 報酬減額の禁止（法5条1項2号）·····99

法5条1項2号（報酬の減額）が禁止していることはどのような行為ですか。また、「特定受託事業者の責めに帰すべき事由」とは具体的には何ですか。

Q3-12 返品の禁止（法5条1項3号）·····103

法5条1項3号（返品）が禁止していることはどのような行為ですか。また、「特定受託事業者の責めに帰すべき事由」とは具体的には何ですか。

Q3-13 買いたたきの禁止（法5条1項4号）·····106

法5条1項4号（買いたたき）が禁止していることはどのような行為ですか。

Q3-14 購入・利用強制の禁止（法5条1項5号）·····111

法5条1項5号（購入・利用強制）が禁止していることはどのような行為ですか。また、「正当な理由がある場合」とは具体的にはどのような場合を指しますか。

Q3-15 不当な経済上の利益の提供要請の禁止（法5条2項1号）·····114

法5条2項1号（不当な経済上の利益の提供要請）が禁止していることはどのような行為ですか。また、本項柱書が定める「特定受託事業者の利益を不当に害してはならない」とは具体的にはどのような場合を指しますか。

Q3-16 不当な給付内容の変更及び不当なやり直しの禁止（法5条2項2号）·····118

法5条2項2号（不当な給付内容の変更及び不当なやり直し）が禁止していることはどのような行為ですか。また、「特定受託事業者の責めに帰すべき事由」とは具体的には何ですか。

第4節 取引の適正化の実効性

Q3-17 フリーランスによる申出·····122

フリーランスは、業務委託事業者にフリーランス法の取引の適正化に係る規定に違反する行為がある場合、どのような対応が可能でしょうか。

Q3-18 フリーランス法の違反行為に対する措置·····125

フリーランス法の取引の適正化に係る規定に違反した業務委託事業者に対しては、公取委又は中企庁長官によってどのような措置がとられますか。

第4章　就業環境の整備

第1節　募集情報の的確な表示（法12条）

Q4-1　募集情報の的確表示が義務づけられる理由 ‥‥‥‥‥‥‥‥‥‥‥ 132

法12条は、特定業務委託事業者に対して、広告等による募集情報提供について的確表示を義務づけていますが、こうした規定を設けた理由は何でしょうか。また、本条が定める「業務委託に係る特定受託事業者の募集」とはどのような場合をいうのでしょうか。

Q4-2　的確表示の対象となる募集情報 ‥‥‥‥‥‥‥‥‥‥‥‥‥‥‥‥ 136

募集情報の的確表示義務の対象となる募集情報にはどのような事項がありますか。また、募集情報の提供方法として、具体的にどのような方法をとらなければなりませんか。

Q4-3　的確表示義務の内容 ‥‥‥‥‥‥‥‥‥‥‥‥‥‥‥‥‥‥‥‥‥ 140

法12条が特定業務委託事業者に対して課している的確表示義務の具体的内容を教えてください。

第2節　妊娠、出産若しくは育児又は介護に対する配慮（法13条）

Q4-4　配慮義務を設けた理由と概要 ‥‥‥‥‥‥‥‥‥‥‥‥‥‥‥‥ 144

フリーランス法は、特定業務委託事業者に対して、フリーランスの申出に応じて育児介護等の状況に応じた必要な配慮を義務づけていますが、こうした規定を設けた理由は何でしょうか。また、配慮義務の内容について教えてください。

Q4-5　継続的業務委託の意味 ‥‥‥‥‥‥‥‥‥‥‥‥‥‥‥‥‥‥‥ 148

特定業務委託事業者が配慮義務を負うのは、6か月以上の業務委託をする場合（「継続的業務委託」）ですが、なぜ6か月以上の継続的業務委託を要件としたのでしょうか。また、「継続的業務委託」の期間の算定方法を教えてください。

コラム4　継続的業務委託の期間の具体例 ‥‥‥‥‥‥‥‥‥‥‥‥‥ 151

Q4-6　申出をしやすい環境整備と育児、介護の意味 ‥‥‥‥‥‥‥‥ 152

フリーランスが配慮の申出をしやすいようにするためには、特定業務委託事業者はどのような点に留意すべきでしょうか。また、法13条が定める育児・介護とはどのような場合を指すでしょうか。

目　次 ── vii

Q4-7　特定業務委託事業者による配慮の具体的内容 ‥‥‥‥‥‥‥‥‥ 155

フリーランスから配慮の申出を受けた場合、特定業務委託事業者は具体的にどのような配慮が必要でしょうか。また、再委託の場合、誰が配慮義務を負うのでしょうか。

Q4-8　特定業務委託事業者による望ましくない取扱い ‥‥‥‥‥‥‥‥ 158

法13条は、フリーランスが配慮を申出たことを理由に、特定業務委託事業者が当該フリーランスを不利益に取り扱うことを禁止する定めを置いていませんが、こうした行為について、特定業務委託事業者が留意すべきことがありますか。

コラム5　「不利益取扱い」に該当する例と該当しない例 ‥‥‥‥‥‥‥‥ 160

第3節　業務委託に関する行われる言動に起因する問題に
関して講ずべき措置等（法14条）

Q4-9　ハラスメント対策に係る体制整備義務づけの理由等 ‥‥‥‥‥‥ 162

法14条は、特定業務委託事業者にハラスメント対策に係る体制整備を義務づけています。このような義務づけ規定が設けられた理由とその概要を説明してください。

コラム6　ハラスメントに係る措置義務と民事・刑事責任 ‥‥‥‥‥‥‥ 164

Q4-10　措置義務の対象となるハラスメント ‥‥‥‥‥‥‥‥‥‥‥‥‥ 165

特定業務委託事業者が必要な措置を講じなければならないハラスメントとして、どのような種類のハラスメントがフリーランス法において定められているのですか。また、法14条は、なぜ「業務委託に関して行われる」ハラスメントと規定しているのですか。

Q4-11　業務委託におけるセクシュアルハラスメントの内容 ‥‥‥‥‥‥ 168

特定業務委託事業者が必要な措置を講じなければならないハラスメントの一つである「業務委託におけるセクシュアルハラスメント」とは、どのような内容のものをいうのでしょうか。性的な言動の行為主体について、他のハラスメントと違いがあるのでしょうか。

Q4-12　業務委託における妊娠、出産等に関するハラスメントの内容 ‥‥‥‥ 172

特定業務委託事業者が必要な措置を講じなければならないハラスメントの一つである「業務委託における妊娠、出産等に関するハラスメント」（マタハラ）とは、どのような内容のものをいうのでしょうか。

Q4-13　業務委託におけるパワーハラスメントの内容 ···················· 177

特定業務委託事業者が必要な措置を講じなければならないハラスメントの一つである「業務委託におけるパワーハラスメント」（パワハラ）とは、どのような内容のものをいうのでしょうか。

コラム7　「経済的ハラスメント」と「アムールほか事件」 ················ 180

Q4-14　ハラスメントに関して講ずべき措置の内容 ······················ 183

特定業務委託事業者がハラスメントに関して講じなければならない必要な措置とは、どのようなことでしょうか。

Q4-15　相談したこと等に対する不利益取扱いの禁止 ···················· 188

法14条2項において、フリーランスがハラスメントについて相談したこと等に対する不利益な取扱いが禁止されています。なぜこのような規定が設けられたのですか。また、不利益取扱い禁止規定に違反した場合、どのようになりますか。

Q4-16　行うことが望ましい取組の内容 ·································· 190

ハラスメントに関する特定業務委託事業者の措置義務の対象ではないものの、行うことが望ましい取組が、厚労省指針に盛り込まれています。それはどのような内容ですか。

コラム8　契約交渉中のハラスメント ······································ 193

第4節　解除等の予告（法16条）

Q4-17　中途解除等の事前予告義務 ······································ 195

法16条1項は、特定業務委託事業者による継続的業務委託に係る契約の中途解除等につき事前予告を義務づけています。このような規定が設けられた理由と、予告義務の内容を説明してください。

Q4-18　解除等を予告すべき場合、予告の方法 ···························· 198

少なくとも30日前までに予告しなければならないのは、どのような場合でしょうか。また、予告はどのような方法で、行わなければならないのでしょうか。

コラム9　予告すべき契約不更新の場合とは ································ 201

目　次 —— ix

Q4-19 事前予告の例外事由 ･･････････････････････････････････････ 202

継続的業務委託に係る契約を解除等する場合の事前予告義務については、例外事由が定められています。事前予告が不要となる例外事由として、どのような場合が定められているのでしょうか。

コラム10 「フリーランスの責めに帰すべき事由」の該当事例の
Q&Aでの追加 ･････････････････････････････････････ 206

Q4-20 解除理由の開示請求 ･････････････････････････････････････ 208

法16条2項は、契約の解除理由の開示請求がなされた場合には、フリーランスに対し開示する義務を定めています。解除理由開示義務について、請求時期、開示方法、開示不要となる例外事由等、その仕組みを説明してください。

第5節 就業環境の整備等の実効性（法17条～23条）

Q4-21 就業環境整備規定違反に関する申出等 ･･････････････････ 211

法17条は、フリーランスは、就業環境整備に係る規定に違反する事実がある場合、厚労大臣に対しその旨を申し出て適当な措置をとるべきことを求めることができると規定しています。この規定の趣旨・内容と、どのような流れで実効性確保措置がとられるかについて説明してください。

Q4-22 指導・助言、勧告、命令・公表等 ･･･････････････････････ 215

フリーランスからの申出の内容が事実である場合には、厚労大臣は、この法律に基づく措置その他適当な措置をとらなければならないとされていますが（法17条2項）、具体的にどのような措置がとられるのか、就業環境の整備に係る各規定について説明してください。

Q4-23 フリーランスからの相談対応に係る体制整備 ･･････････････ 219

法21条は、国は、フリーランスからの相談に応じ適切に対応するために必要な体制の整備等の措置を講ずるとされていますが、具体的にどのような体制整備が行われるのでしょうか。

第5章 罰則

Q5-1 罰則、過料（法24条～26条）･･･････････････････････････ 224

本法には、罰則（法24条）、両罰規定（法25条）、過料（法26条）が規定されています。これらの内容を説明してください。

■コラム■

コラム1　フリーランスの労働者性を争った事例　28

コラム2　芸能・クリエイティブ分野における芸能事務所と
　　　　　芸能実演者の関係　50

コラム3　「契約の更新」における給付等の内容の「同一性」　94

コラム4　継続的業務委託の期間の具体例　151

コラム5　「不利益取扱い」に該当する例と該当しない例　160

コラム6　ハラスメントに係る措置義務と民事・刑事責任　164

コラム7　「経済的ハラスメント」と「アムールほか事件」　180

コラム8　契約交渉中のハラスメント　193

コラム9　予告すべき契約不更新の場合とは　201

コラム10　「フリーランスの責めに帰すべき事由」の該当事例の
　　　　　　Q&Aでの追加　206

資　料

▶特定受託事業者に係る取引の適正化等に関する法律〔フリーランス法〕　228

▶特定受託事業者に係る取引の適正化等に関する法律施行令〔施行令〕　235

▶公正取引委員会関係特定受託事業者に係る取引の適正化等に関する法律施行規則〔公取委規則〕　236

▶厚生労働省関係特定受託事業者に係る取引の適正化等に関する法律施行規則〔厚労省規則〕　239

▶特定業務委託事業者が募集情報の的確な表示、育児介護等に対する配慮及び業務委託に関して行われる言動に起因する問題に関して講ずべき措置等に関して適切に対処するための指針〔厚労省指針〕　241

▶特定受託事業者に係る取引の適正化等に関する法律の考え方〔解釈指針〕　241

▶特定受託事業者に係る取引の適正化等に関する法律と独占禁止法及び下請法との適用関係等の考え方〔執行指針〕　241

事項索引　242

装丁　　三省堂デザイン室

■凡　例■

Ⅰ　本書では、とくに断りがない限り、以下のような表記を用いました。

　　法○条　　　フリーランス法（特定受託事業者に係る取引の適正化等に関する法律）○条

　　フリーランス　　特定受託事業者、特定受託業務従事者

Ⅱ　判例の出典は、慣例に従い、最判令和○年○月○日労働判例○号○頁のように表記しました。

Ⅲ　本書で用いた主な略称は、以下のとおりです。

1　法律

育介法	育児・介護休業法（育児休業、介護休業等育児又は家族介護を行う労働者の福祉に関する法律；平成3年法律第76号）
均等法	男女雇用機会均等法（雇用の分野における男女の均等な機会及び待遇の確保等に関する法律；昭和47年法律第113号）
下請法	下請代金支払遅延等防止法（昭和31年法律第120号）
独禁法	独占禁止法（私的独占の禁止及び公正取引の確保に関する法律；昭和22年法律第54号）
フリーランス法	特定受託事業者に係る取引の適正化等に関する法律（令和5年法律第25号）
労安法	労働安全衛生法（昭和47年法律第57号）
労基法	労働基準法（昭和22年法律第49号）
労災保険法	労働者災害補償保険法（昭和22年法律第50号）
労推法	労働施策総合推進法（労働施策の総合的な推進並びに労働者の雇用の安定及び職業生活の充実等に関する法律；昭和41年法律第132号）
労組法	労働組合法（昭和24年法律第174号）

2　フリーランス法関係の政令・省令・規則など

役務委託取引ガイドライン	公正取引委員会「役務の委託取引における優越的地位の濫用に関する独占禁止法上の指針」（最終改正：平成29年6月16日）
解釈指針	公正取引委員会＝厚生労働省「特定受託事業者に係る取引の適正化等に関する法律の考え方」（令和6年5月31日）

Q&A	特定受託事業者に係る取引の適正化等に関する法律（フリーランス・事業者間取引適正化等法）Q&A（令和6年12月18日時点）
公取委規則	公正取引委員会関係特定受託事業者に係る取引の適正化等に関する法律施行規則（公正取引委員会規則第3号（令和6年5月31日））
厚労省規則	厚生労働省関係特定受託事業者に係る取引の適正化等に関する法律施行規則（厚生労働省令第94号（令和6年5月31日））
厚労省指針	特定業務委託事業者が募集情報の的確な表示、育児介護等に対する配慮及び業務委託に関して行われる言動に起因する問題に関して講ずべき措置等に関して適切に対処するための指針（厚生労働省告示第212号（令和6年5月31日））
施行令	特定受託事業者に係る取引の適正化等に関する法律施行令（令和6年5月31日政令第200号）
下請法運用基準	公正取引委員会「下請代金支払遅延等防止法に関する運用基準」（最終改正：令和6年5月27日）
下請法講習会テキスト	公正取引委員会＝中小企業庁「下請取引適正化推進講習会テキスト」（令和6年11月）
下請法3条書面規則	下請代金支払遅延等防止法第3条の書面の記載事項等に関する規則（公正取引委員会規則第7号（平成15年12月11日））
執行指針	公正取引委員会「特定受託事業者に係る取引の適正化等に関する法律と独占禁止法及び下請法との適用関係等の考え方」（令和6年5月31日）
第2章違反事件対応方針	公正取引委員会「特定受託事業者に係る取引の適正化等に関する法律第2章違反事件に係る公正取引委員会の対応について」（令和6年10月1日）
パブコメ	公正取引委員会等「『特定受託事業者に係る取引の適正化等に関する法律施行令（案）』等に対する意見の概要及びそれに対する考え方」（令和6年5月31日）
フリーランスガイドライン	公正取引委員会等「フリーランスとして安心して働ける環境を整備するためのガイドライン」（令和3年3月26日策定、令和6年10月18日改定）
優越ガイドライン	公正取引委員会「優越的地位の濫用に関する独占禁止法上の考え方」（最終改正：平成29年6月16日）

3 官公署など

公取委	公正取引委員会
公取委検討会	公正取引委員会「特定受託事業者に係る取引の適正化に関する検討会」
厚労省	厚生労働省
厚労省検討会	厚生労働省「特定受託事業者の就業環境の整備に関する検討会」
参院内閣委	第211回通常国会参議院内閣委員会
参院本会議	第211回通常国会参議院本会議
衆院内閣委	第211回通常国会衆議院内閣委員会
衆院本会議	第211回通常国会衆議院本会議
中企庁	中小企業庁
労基署	労働基準監督署

4 その他

公取委厚労省逐条解説	公正取引委員会事務総局経済取引局取引部取引企画課フリーランス取引適正化室、厚生労働省雇用環境・均等局総務課雇用環境政策室（著）『フリーランス・事業者間取引適正化等法』（商事法務、2024年）

序 章

フリーランス法と
フリーランス保護

第 1 節 フリーランスという働き方の特徴と課題

1．フリーランスという働き方の特徴

　いわゆるフリーランスは法律上の定義がなされておらず、一般的には「特定の組織に属さずに収入を得る者」又は「特定の組織に属さず（時間や場所にとらわれず）自由に仕事をする者」との意味で用いられています。「特定受託事業者の取引の適正化等に関する法律」（以下では「フリーランス法」という）は、いわゆるフリーランスの中でも、業務委託の相手方である事業者であって、従業員を使用しないもの又は法人の一人社長のいずれかに該当するものを「特定受託事業者」として定義し、これを法の適用対象としています。

　フリーランスとして働いている者の数は、2020（令和2）年に内閣官房が関係省庁（公取委・中企庁・厚労省）と連携して行ったウェブ調査（この調査では対象を①自身で事業等を営んでいる、②従業員を雇用していない、③実店舗を持たない（場所にとらわれない）、④農林漁業従事者ではない（時間にとらわれない）者としています）によれば、462万人と推計されています。フリーランスを本業とするもの214万人、副業とするもの248万人でした。

　また、フリーランスが従事している業種は広範囲に及んでいます。内閣官房が公取委・中企庁・厚労省と共同で2021（令和3）年に行った「フリーランスの取引の実態に関するアンケート調査」（以下では「2021年フリーランス実態調査」という）をみると（次頁グラフ参照）、業種別では、①事務関連（文書作成、データ入力等）（約7％）、②デザイン、映像制作関連（約14％）、③IT関連（システム設計、ウェブサイト開発等）（約9％）、④専門業務（インストラクター、通訳、営業等）（約31％）、⑤生活サービス関連（接客、日用品販売等）（約8％）、⑥現場作業関連（運輸、建設等）（約15％）となっており（以上「その他」と回答した者を除いた値）、①～⑥の業種で現状をほぼ網羅しています（全体の約84％）。

●2

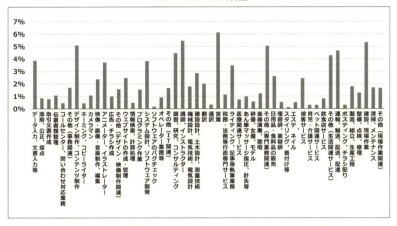

フリーランスの業種

　2020(令和2)年に内閣官房が行った調査(以下では「2020年内閣官房調査」という)によれば、フリーランスという働き方を選択した主な理由は、「自分の仕事のスタイルで働きたいため」(57.8％)が最も多く、次いで「働く時間や場所を自由にするため」(39.7％)、「収入を増やすため」(31.7％)と続いています。

　フリーランスという働き方に対する満足度も比較的高く、7割以上のフリーランスが、「仕事上の人間関係」「就業環境(働く時間や場所など)」「プライベートとの両立」「達成感や充足感」で満足しています。他方で、収入について満足しているフリーランスは4割にとどまっています。このように働き方自体については満足度が高いが、収入をみると、課題を抱えていることが窺われます。

　2020年内閣官房調査によれば、発注事業者から業務委託を受けたフリーランスのうち特定の1社のみと取引を行っているものは約4割にのぼっています。2021年フリーランス実態調査によると、4割強のフリーランスは、なんらかの形で特定の発注者と継続的な取引関係にあります。フリーランス法案の国会審議において、政府参考人は、契約期間が長くなるほど、発注事業者と受注事業者との間で経済的な依存関係が生じ、それを利用されて不利益を受けやすい傾向にあると述べています(衆院内

閣委令和5年4月5日・小林浩史政府参考人）。

　フリーランスの取引関係は必ずしも発注者との二当事者関係だけから構成されているわけではありません。建設業、情報産業、運輸産業をみると、発注者とフリーランスの間に複数の企業が介在する場合が少なくありません。俳優等の芸能実演家においても、直接に映画会社などの制作者と出演契約を結ぶことは少なく、芸能プロダクションを介して出演することが多いといわれます。さらに、近年は、デジタル・プラットフォームを介して、スポット的に発注者に対して役務を提供するケース（例えば、フードデリバリー）が増えています。

2．フリーランスを巡る課題

　フリーランスが抱える問題は、フリーランスの経済的立場によって様々ですが、2020年内閣官房調査によれば、取引先（発注事業者）との「トラブルを経験したことがある」と回答した者は約4割でした。2021年フリーランス実態調査によれば、フリーランスが経験したトラブルは、報酬の支払遅延、一方的な契約内容の変更がともに約3割で多く、次いで「不当に低い報酬額の決定」、「一方的な継続案件の打ち切り」、「報酬の不払い・過小払い」と続いています。

　また、厚労省から委託をうけて第二東京弁護士会が2020（令和3）年11月から「フリーランス・トラブル110番」を開設していますが、相談内容は、報酬の未払い、報酬の支払遅延、報酬の一方的減額など報酬に関する相談が最も多く、次に、当事者間が認識する契約内容が不明確であることが原因で支払われるべき報酬額について争いとなっていたり、受託した仕事の範囲が不明確になっていたりすることからフリーランスが行わなければならない作業範囲について争いとなっている相談が多いです。また、募集時の発注者からの業務内容や報酬額等の説明と、実際に作業に入ってからの実際の内容とのミスマッチが生じていることからトラブルが生じているという相談も少なくありません。ハラスメント被害の相談や、発注者からの契約関係の解除に関するトラブルも多く、フリーランスの側から委託契約を解除しようとすると、発注事業者が報酬支

払の拒否を通告して解除させないというトラブルも少なくありません。

こうした問題の背景には、フリーランスは、一人の個人として、組織で事業を営む発注者との関係において、交渉力やその前提となる情報収集力において劣位に立たされやすいという特性があります。また、報酬が業務完遂後に支払われるという性格上、生計のため速やかに収入を確保したいフリーランスとしては、契約の範囲外の指示であっても、往々にして受け入れざるを得ないという事情も窺われます。

第2節 フリーランスの保護を巡る政策の動き

1. 国際的な動き

(1) 国際労働機関（ILO）の動き

フリーランスに対する保護が国際的な議論の俎上に上がったのは、国際労働機関（ILO）事務局が、1997年及び1998年に、加盟国に対しフリーランス保護の政策を促す内容の「契約労働に関する条約案」をILO総会に提出したときでした。この条約案において、ILO事務局は、自営業者と労働者の中間に位置する就業者を「契約労働者」（Contract Worker）と定義し、必要な範囲で保護を加えることを提案しました。これはイギリスで用いられている制度を参考にしたもので、自営業者と労働者を二分する従来の発想を「三分法」に転換させる内容の提案でした。しかし、ILO総会では、「契約労働」の概念について政労使の共通の理解が得られず条約案は結局採択されませんでした。

その後、ILOは2006年に「雇用関係に関する勧告」（198号）を採択しました。この勧告は、雇用関係の存在の実効的な確立及び被用者と自営業者の区別に関する国の政策を労使と協議の上、策定し、採択すること、偽装された雇用関係に対する対策を講じ、あらゆる形態の契約取り決めに適用される基準を確保することを加盟諸国に勧告しています。具体的には、①偽装された雇用、②雇用関係の明確さを欠いた場合、③複数当

序章　フリーランス法とフリーランス保護 —— 5

事者が関与する場合をあげ、それぞれについて、加盟国が採るべき対策を示しています。

さらに、ILO事務局は非標準的雇用に関するILO理事会の決定に従って、2016年、各国の非標準的雇用の経済的・法的側面に関する広範囲な研究から新たな知見を収集して報告書をまとめました（ILO「世界の非標準的雇用　課題の把握と今後の展望」(2016年)）。この報告書は、「従属的自営」を非標準的雇用の一つに加え、「偽装された雇用」(disguisted employment) と「従属的自営」(dependent self-employed) については、この数十年の間に新たな企業慣行の結果として生まれてきたものであり、企業側はリスク移転の手段として自営的形態を他の非標準的雇用形態と代替的に用いていること、労働者と企業との間には引き続きある種の従属性が見られることなどから、法政策的対応が必要だとしています。

「偽装された雇用」とは、本来は雇用関係にあるにもかかわらず、雇用契約以外の民事契約を意図的に用いて実態と異なる外観を装うこと（「誤分類」）をいいます。「従属的自営」とは、雇用契約以外の契約に基づき企業に役務を提供しているが、その収入を1社または少数の顧客に依存し、これら顧客から作業のやり方について指示を受けているような仕事上の関係をいいます。

上記報告書は、「誤分類」に対しては、すでにILO198号勧告が示すように、問題となる就業関係について契約形式ではなく、実態を踏まえて判断すること、雇用関係を判断する広範な手段（例えば、労働者性判断のための推定規定の導入）をとることを推奨しています。一方、従属的自営については、労働者と比較して様々な領域での脆弱性をもつので、保護すべき領域に応じて脆弱性を解消・軽減する対策が求められるとしています。

(2) 欧州連合 (EU) の動き

EUにおいては、フリーランスの団体行動に対する競争法の適用が問題とされてきました。

2007年、オランダ競争庁は、フリーランスの音楽家も組織していた労

働組合が事業者団体と結んでいた労働協約について、組合員である自営業者は事業者だとしたうえで、自営業者の最低報酬を定めた協約は競争法の適用除外とならず、競争法に違反し無効だと決定しました。

この決定の後、事業者団体は当該労働組合との団体交渉を拒否したので、労働組合は競争庁のこの決定の不当性を裁判で争いました。裁判所はこの事件がEU競争法の適用に関わるため、EU司法裁判所に付託したところ、2014年12月、EU司法裁判所は、自営業者が「偽装自営業者」である場合を除いて、自営業者のための団体交渉は競争法の適用から除外されないと判断しました（FNV Kunsten informatie en Media v Staat der Nederlanden, C-413/2013）。

これ以降、EUでは、フリーランスの団体活動に関する競争法の適用問題について議論が巻き起こり、EU委員会は、2022年9月、「一人自営業者の労働条件に関する団体協約への欧州連合の競争法の適用に関する指針」（Guidelines on the application of Union competition law to collective agreements regarding the working conditions of solo self-employed persons, 2022/C 374/02）を公表し、特定の一人自営業者（solo self-employed person）が、EU競争法に違反することなく、就業条件の改善について団体交渉を行うことができることを明確にしました。

2．国内の動き

フリーランス保護が求められるなかで、日本は、どのような法政策をとるべきでしょうか。この点については政府部内で様々な検討が行われました。経産省「雇用によらない働き方研究会」（2017年3月）、公取委競争政策研究センター「人材と競争政策に関する検討会」（2018年2月）、厚労省「雇用類似の働き方に関する検討会」（2018年3月）が、それぞれ報告書を公表して議論を喚起しました。

例えば、「人材と競争政策に関する検討会」報告書は、個人の働き方が多様化し、フリーランスが増加することをふまえ、優越的地位にある発注者が課す制限・義務等が、フリーランスに対し不当に不利益を与える場合は、独禁法上問題となり得ること（優越的地位の濫用）、あるいは、

フリーランスへの発注をすべて口頭で行うなどの行為は競争政策上望ましくないことなどを提言しています。

　また、厚労省「雇用類似の働き方に係る論点整理等に関する検討会中間整理」（2019年）は、フリーランス保護の方法について三つの選択肢を提示しました。すなわち、①労働者概念を拡張して保護を及ぼす方法、②自営業者のうち保護が必要な対象者を、労働者と自営業者との間の中間的な概念として定義し、労働関係法令の一部を適用する方法、③労働者概念を広げるのではなく、自営業者のうち一定の保護が必要な人に、保護の内容を考慮して別途必要な措置を講じる方法、がそれです。

　このように政府部内で各省庁がそれぞれ独自に検討している状況を受けて、政府は2020（令和2）年7月に閣議決定された「成長戦略実行計画」において、政府が一体的に保護ルールの整備を行うこととしました。これをふまえて、2021（令和3）年3月、内閣官房は、公取委、中企庁、厚労省と連名で、事業者とフリーランスとの取引について、独禁法、下請法、労働関係法令の適用関係を明らかにするとともに、これら法令に基づく問題行為を明確化するため「フリーランスとして安心して働ける環境を整備するためのガイドライン」（フリーランスガイドライン）を策定、公表しました。

　フリーランスガイドラインは、労働法と独禁法・下請法の適用範囲を明確にし、個人事業者としてのフリーランスに対して、取引の適正化のために、独禁法の優越的地位の濫用規制及び下請法を積極的に活用する方向をとったものでした。これは先述のEUにおける政策（特定のフリーランスの団体交渉に対する競争法の適用を制限し、取引条件の交渉による改善を促す政策）とはかなり異なった立場にたったものと評価できます。

第3節 フリーランス法の制定

　2023（令和5）年4月28日、フリーランス法は第221回通常国会で可決成立しました（制定経緯の詳細はQ1-1参照）。フリーランスは、一人の個人として業務委託を受けるのに対して、発注事業者の多くは従業員を雇って組織として事業をしています。そのため、両者の間には、交渉力や情報収集力の格差が生じやすく、フリーランスは発注事業者に対して、取引上、弱い立場に置かれやすいという特性があります。

　反面、事業者間取引は本来は当事者間の契約自由の原則が妥当する領域であり、フリーランスを過度に保護しようとすれば、発注事業者はフリーランスを選択することを避けることとなり、かえってフリーランスの就業環境を害することとなる恐れがあります。

　そこで、事業者間取引において弱い立場に立たされやすいフリーランスについて、取引上のトラブルを未然に防止するため「取引の適正化」と、ハラスメント防止の体制整備など「就業環境整備」を目的として、発注事業者と個人で事業を行う者に係る取引全般に妥当する最低限の規律を設け、フリーランスの取引基盤を整備するために、フリーランス法は制定されました。

　従来、フリーランスは、組織に所属せずに働くことを自ら選択した者として、個人事業主と位置付けられ、主に下請法において「下請事業者」（下請法2条8項）に含まれ、同法に基づく下請取引の保護の対象とされてきました。しかし、下請法は、発注事業者の資本金が1000万円超である場合に適用されますが、フリーランスの取引では、1000万円以下の発注事業者から業務委託を受ける場合が少なくありませんでした。また、独禁法の優越的地位の濫用規制の目的は、競争秩序の維持という公益にあるところ、フリーランスを巡る課題のなかには、ハラスメント防止など競争秩序の維持を目的とした規律になじまないものもあります。

　一方、フリーランスは、発注事業者に経済的に依存している場合には、

序章　フリーランス法とフリーランス保護 —— 9

雇用に類似した働き方といえます。そのため、労働者概念を拡張してフリーランスを労働者として位置づけ、労働法令を適用するという考え方もありえます。この点、フリーランスの労働者性を争ったこれまでの裁判例をみると、労働者性を認めたものもありますが、これを否定したものも多く、フリーランス全体を労働者とするような労働者概念の拡張は、これまでの司法判断と齟齬をきたす恐れがあります。さらに、フリーランスを労働者と位置づけると、賃金支払、労働時間規制などの労働法上の規制が一律にフリーランスに適用されることとなり、こうした画一的な保護は、かえってフリーランスの多様で柔軟な取引・働き方を阻害しかねません。

　フリーランス法は、下請法の規律に倣って、取引条件の明示など取引の適正化のための措置を発注事業者に義務づけるとともに、育児介護等の配慮義務、ハラスメント防止の体制整備など一部の労働法の規律に倣って、就業環境の整備にも相応の目配りをしたものといえます。

第4節　フリーランスに対する安全衛生対策と業務災害補償

　フリーランスの安全・健康確保については、フリーランス法に規定が置かれていません。フリーランス法案の国会審議において、政府は、フリーランスの安全衛生対策は重要であるとしたうえで、厚労省において適切な対応が取られるものとしています（参院本会議令和5年4月21日・後藤茂之国務大臣）。そこで、フリーランス法に定めがありませんが、就業環境整備に密接に関係していることから、本節でフリーランスの安全衛生対策と業務災害補償について触れることにします。

1．安全衛生対策

　労働者の安全衛生確保に関しては労働安全衛生法（以下「労安法」）及びこれに基づく規則が詳細な危害防止基準を定め、健康障害防止措置を

事業者等に義務づけています。しかし、労安法は保護対象を労働者に限定し（労安法1条）、基本的に一人親方等の労働者以外の者は保護の対象とはされてきませんでした。

　ところが、建設作業で石綿（アスベスト）にばく露し、肺がん等に罹患した元労働者や一人親方が、国を相手取り、規制が十分であったかが争われた建設アスベスト訴訟において、最高裁は、石綿の規制根拠である労安法22条は、労働者だけでなく、同じ場所で働く労働者でない者も保護する趣旨の規定であるとの判断を行いました（建設アスベスト神奈川1陣訴訟・最判令和3年5月17日裁判所時報1768号2頁）。

　厚労省は、この最高裁判決を受けて、労働者と同じ場所で就労する者は、労働者以外の者であっても同じ安全衛生水準を享受すべきであるとして、2022（令和4）年4月15日、労安法22条に基づく石綿障害予防規則、有機溶剤中毒予防規則など11の省令を改正しました（令和4年厚生労働省令第82号）。

　さらに、厚労省は、個人事業者が労働者とは異なる場所で就労する場合であっても、労働者と同じ安全衛生水準を享受すべきであり、その実現のための対策を講じるため、「個人事業者等の安全衛生対策のあり方に関する検討会」を設置し、検討してきました。

　厚労省はこの検討会の検討結果を踏まえて、2024（令和6）年5月に「個人事業者等の健康確保に関するガイドライン」を策定・公表しています。このガイドラインは、個人事業者等が健康に就業するために、個人事業者等が自身で行うべき事項、注文者等が行うべき事項や配慮すべき事項等を周知し、それぞれの立場での自主的な取り組みの実施を促しています。

　例えば、このガイドラインは、注文者に対して、①長時間の就業による健康障害の防止（注文条件等の配慮、注文条件等により長時間就業となり疲労が蓄積した個人事業者から求めがあった場合における医師の面談機会の提供）、②メンタルヘルス不調の予防、③安全衛生教育や健康診断に関する情報の提供、④受講・受診機会の提供等、⑤健康診断の受診に要する費用の配慮、⑥作業場所を特定する場合における適切な作業環

境の確保を促しています。

2．業務災害補償

　労災保険制度は、労働者を使用する事業主に強制適用され、労働者が業務上の災害に遭った場合の給付を行うものですが、以前から、労働者以外の者についても、一定の要件を満たす場合、本人が任意で加入することができる「特別加入制度」を設けています（労災保険法第4章の2）。これにより、労働者以外の者であっても、特別加入制度に加入している場合、仕事中や通勤中のケガ、病気、障害または死亡等に対して、補償を受けられます。

　特別加入制度は、労働者と類似した働き方をしている場合の業務災害補償を目的としているために、その対象を一定の業種、作業に従事する者に限定してきました。ところが、フリーランスが従事する職種は前述のように広範囲に及ぶために、多くのフリーランスは対象とならず、希望しても特別加入制度に加入することができませんでした。

　そこで、厚労省は、働く者の保護の観点から、関係団体への要望も踏まえつつ、2021（令和3）年4月1日から、徐々に特別加入制度の対象を拡大してきました。2024（令和6）年10月現在では、芸能関係作業従事者、アニメーション制作作業従事者、柔道整復師、創業支援等措置に基づき事業を行う者、自転車配達員、ITフリーランス、あん摩マッサージ指圧師、はり師、きゅう師、歯科技工士が対象に追加されました。さらに、2024（令和6）年11月から、本法の特定受託事業者の定義も踏まえつつ、特定受託業務に従事する事業者（特定フリーランス事業）も対象とされることになりました（労災保険法施行規則46条の17）。

12

第 1 章

立法経緯と主な内容

Q1-1 ▶ フリーランス法の制定経緯

フリーランス法が制定された経緯を教えてください。

A　2021（令和3）年11月に閣議決定された「新しい資本主義実現会議による緊急提言」では「フリーランス保護のための新法を早期に国会に提出する」とされ、さらに、2022（令和4）年6月の閣議決定「新しい資本主義のグランドデザイン及び実行計画」によってフリーランス法の立法化の動きが進みました。同年10月開催の第210回臨時国会の冒頭、岸田総理（当時）は会期中の法整備に言及しましたが、実際は、翌2023（令和5）年2月、第211回通常国会に「特定受託事業者に係る取引の適正化等に関する法律案」が提出されました。この法案は、衆参両議院の内閣委員会で審議が行われ、4月28日の参議院本会議において全会一致で可決成立し、5月12日に公布されました。なお、同法は2024（令和6）年11月1日に施行されました。

解説　⑴　法案策定の経緯

　フリーランスの保護について、本格的に議論が始まったのは、2019（令和元）年の全世代型社会保障検討会議でした。この時点ではまだ立法化に触れられていませんが、これまで、公取委、経産省、厚労省が独自に行っていた検討を、内閣官房を中心として政府全体で取り組むことになります。同会議では、フリーランスを保護するという目標においては一致していましたが、発注者の優越的地位の濫用による不当な取引行為からフリーランスを保護するのか、あるいはフリーランスを雇用類似の働き方として位置づけ労働者と同様な保護を与えるのか、必ずしも明確ではありませんでした。

　翌2020（令和2）年に、内閣官房は、関係省庁と連携し、一元的に実態を把握するための調査を実施しました。その結果を踏まえて、全世代型社会保障検討会議第7回（2020年5月22日）において、フリーランス

ガイドラインの策定と立法的措置を含めた政策の方向性について議論がされ、同年7月に閣議決定された「成長戦略実行計画」では、ガイドラインの作成と下請法の改正を含めた立法的対応の検討を行うこととされました。

そして、2021（令和3）年3月26日に、事業者とフリーランスの取引について、内閣官房・公取委・中企庁・厚労省は連名で、独禁法・下請法や労働法の適用関係を明確化する「フリーランスガイドライン」を策定・公表しました。

さらに、2021（令和3）年11月に閣議決定された「新しい資本主義実現会議による緊急提言」で「フリーランス保護のための新法を早期に国会に提出する」とされ、本格的な立法化に向けた動きが出てきます。2022（令和4）年6月に閣議決定された「新しい資本主義のグランドデザイン及び実行計画」では、「取引適正化のための法制度について検討し、早期に国会に提出する。」とされました。これまでは、フリーランスの位置づけ及び保護の方向性があいまいでしたが、この時点で、フリーランスを事業者として位置づけ、事業者間取引の適正化を主たる目的とすることが明確になりました。

その後は、法案の策定に当たっては、2020（令和2）年の実態調査に加えて、厚労省が委託し第二東京弁護士会が運営する「フリーランス・トラブル110番」に寄せられた1万件を超える相談内容について聴取を行い、当事者、発注者を始め、経済団体、労働団体といった様々な関係者との意見交換、また、2022（令和4）年9月に「フリーランスに係る取引適正化のための法制度の方向性」に関する意見募集（パブリック・コメント）を実施し、広く一般から意見募集を行いました。これらにより得られた意見を踏まえて、法案の作成作業が行われました。

2022（令和4）年10月開催の第210回臨時国会の冒頭で、岸田総理（当時）が所信表明演説の中で、会期中にフリーランス法整備に取り組むと発言しましたが、与党内でフリーランス法案の保護対象及び法的性格について議論があり、臨時国会での法案提出は見送られました。

その後、政府において与党とも議論をしながら検討を進め、本法案に

第1章　立法経緯と主な内容 —— 15

ついては、従業員を使用せず一人の個人として業務委託を受ける受託事業者と、従業員を使用して組織として事業を行う発注事業者との間の取引について、交渉力などに格差が生じるということを踏まえ、下請法と同様の規制を行い、最低限の取引環境を整備するものであるというように法案の性格について整理を行いました（衆院内閣委令和5年4月5日・三浦章豪政府参考人）。

(2) 国会審議とその後

2023（令和5）年2月、第211回通常国会に「特定受託事業者に係る取引の適正化等に関する法律案」が提出され、衆議院内閣委員会（4月5日）で審議が開始されました。参議院では4月21日に本会議で代表質問が行われ、その後内閣委員会（4月25日、4月27日）で審議が行われました。

衆参の内閣委員会での審議は、主に、本法案の目的、特定受託事業者の定義（労働者との違い、従業員の有無を判断する基準時など）及び特定業務委託事業者の定義（プラットフォーム事業者の位置づけなど）、第3条の業務委託時の取引条件の明示事項の範囲並びに明示時期及び契約締結時との関係、第5条の適用要件である業務委託の継続する期間（例えば、基本契約と個別契約がある場合の期間など）、特定業務委託事業者の禁止行為の内容（例えば、不当なやり直し、買いたたきにあたる場合、知的財産権の取扱いなど）、育児介護等における業務と両立するために必要な配慮措置の内容、特定業務委託事業者によるハラスメント防止の措置の内容、解約の事前予告と解約事由の制限の是非等が審議されました。加えて、本法案に定めがない最低報酬制度、安全衛生の確保と過重労働防止が議論されました。

4月28日に「特定受託事業者に係る取引の適正化等に関する法律」（令和5年法律第25号）（略称「フリーランス・事業者間取引適正化等法」）が参議院本会議において全会一致で可決成立し、5月12日に公布されました。同法については、施行後3年の見直し条項が置かれています。また、衆議院で18本（内閣委員会4月5日）、参議院で19本（内閣委員会4月27日）の附帯決議が付されました。

その後、本法において政令に委託された事項、及び本法が公取委規則

及び厚労省規則に委任した事項等について検討するために、公取委は「特定受託事業者に係る取引の適正化に関する検討会」、また厚労省は「特定受託事業者に係る就業環境の整備に関する検討会」をそれぞれ設置し、その検討結果を踏まえて、施行令は法5条の要件である業務委託が行われる期間を1か月以上、法13条及び法16条の継続的業務委託の期間を6か月以上としました。この法律は、2024（令和6）年11月1日に施行されました。

第1章　立法経緯と主な内容 —— 17

Q1-2 ▶ フリーランス法の主な内容

フリーランス法の主な内容を教えてください。

A　フリーランス法は、法の目的と法の適用対象等（特定受託事業者、特定業務委託事業者など）を定義した部分（第1章）、取引の適正化に関する義務（取引条件の明示、報酬の支払期日の上限、特定業務委託事業者の禁止行為）を規定した部分（第2章）、特定受託事業者及び特定受託業務従事者の就業環境の整備に関する義務（募集情報の的確表示、育児介護等の配慮、ハラスメント防止の体制整備、中途解除等の事前予告）を定めた部分（第3章）、法を執行する行政機関（公正取引委員会、中小企業庁、厚生労働省）の権限及びフリーランスからの相談体制を定めた部分（第2章、第3章、第4章）、そして罰則を定めた部分（第5章）から成り立っています。

解説

(1) 本法の適用対象

フリーランスの取引は多種多様ですが、本法の適用される取引は事業者間における業務委託に係る取引であることとし、消費者が一方当事者となる取引、製品の販売を目的とした取引は対象となりません。

フリーランスという用語は、一般的には組織に所属しないで自由に活動する者を意味しますが、本法はそのなかでも、業務委託の相手方である事業者のうち、①個人であって従業員を使用しないもの、②法人であって1の代表者以外に他の役員がなく、かつ、従業員を使用しないもの、のいずれかに該当するものを「特定受託事業者」と定義し、これを本法の保護対象としています。

また、発注事業者も様々な形態がありますが、本法は、業務委託において特定受託事業者の相手方となる事業者を「業務委託事業者」と定義しています。そして業務委託事業者であって、①個人であって、従業員

を使用するもの、②法人であって、2以上の役員があり、又は従業員を使用するもの、のいずれかに該当するものを「特定業務委託事業者」と定義し、主に、これに本法の定める義務を課しています（ただし、3条は業務委託事業者に適用されます）。

(2) 取引の適正化

第2章（3条、4条、5条）は、フリーランスに係る取引の適正化について定めています。業務委託事業者は、業務委託をした場合は、直ちに、取引条件を書面又は電磁的方法によりフリーランスに対し明示しなければなりません（3条）。また、業務委託をした場合における報酬の支払期日は、特定業務委託事業者が給付を受領した日又は役務の提供を受けた日から起算して60日の期間内のできる限り短い期日を定め、その期日までに支払わなければなりません（4条）。

法5条は、1か月以上業務委託をする場合において、特定業務委託事業者が行ってはならない取引行為として七つの禁止行為を定めています。禁止行為としては、フリーランスの責任がないのに委託した物品の受領を拒むこと、フリーランスの責任がないのに約束した報酬額を減額すること、フリーランスに委託した物品に対して通常の価格に比較して著しく低い報酬を定めること、特定業務委託事業者が自己のために経済的利益を提供させて、フリーランスの経済的利益を不当に害することなどがあげられています。

(3) 就業環境の整備

第3章（12条、13条、14条、16条）は、フリーランス（特定受託事業者及び特定受託業務従事者）の就業環境の整備について定めています。特定業務委託事業者は、広告等によりフリーランスの募集に関する情報を提供するときは、虚偽の表示又は誤解を生じさせる表示をしてはなりません。また、正確かつ最新の内容に保たなければなりません（12条）。

業務委託が6か月以上継続している場合、特定業務委託事業者は、フリーランスの申出に応じて、妊娠・出産・育児又は介護と業務が両立できるよう必要な配慮しなければなりません（13条）。

特定業務委託事業者は、ハラスメントによりフリーランスの就業環境

第1章　立法経緯と主な内容 —— 19

を害することのないよう相談対応のための体制整備その他の必要な措置を講じなければなりません。また、フリーランスがハラスメントに関する相談を行ったこと等を理由として不利益な取扱いをしてはなりません（14条）。

6か月以上業務委託をする場合、特定業務委託事業者は、業務委託に係る契約の解除又は不更新をしようとするとき、やむを得ない事由により予告することが困難な場合を除いて、解除日または契約満了日の30日前までにその旨を予告しなければなりません。また、予告がされた日から契約が満了するまでの間に、フリーランスの求めがある場合、特定業務委託事業者は、解除又は不更新の理由を遅滞なく開示しなければなりません（16条）。

(4) 本法の実効性確保

公取委、中企庁長官、厚労大臣は、この法律の施行に必要な限度において、特定業務委託事業者に対し、業務委託に関し報告をさせ、又はその職員に、これらの者の事務所等に立ち入り、帳簿書類等を検査させることができます。

フリーランスは、特定業務委託事業者に本法違反と思われる行為があった場合には、公取委、中企庁長官、厚労大臣に対してその旨を申し出ることができます。行政機関は、その申出の内容に応じて、報告徴収・立入検査といった調査を行い、発注事業者に対して指導・助言のほか、勧告を行い、勧告に従わない場合には命令・公表をすることができます。命令違反には50万円以下の罰金が科せられる場合があります。

また、国は、フリーランスに係る取引の適正化及び特定受託事業者・特定受託業務従事者の就業環境の整備に資するよう、第二東京弁護士会に「フリーランス・トラブル110番」に運営を委託するなど、フリーランスからの相談に応じ、適切に対応するために必要な体制の整備等を講ずることとしています。

フリーランス法の執行のために、公取委、厚労省は以下のような下位法令、指針等を発出しています（https://www.mhlw.go.jp/stf/seisakunitsuite/bunya/koyou_roudou/koyoukintou/zaitaku/index_00002.html）。これら

は、フリーランス法の内容を詳しく理解する上で参考となります。

- 「特定受託事業者に係る取引の適正化等に関する法律施行令」（令和6年政令第200号）
- 「公正取引委員会関係特定受託事業者に係る取引の適正化等に関する法律施行規則」（令和6年公正取引委員会規則第3号）
- 「厚生労働省関係特定受託事業者に係る取引の適正化等に関する法律施行規則」（令和6年厚生労働省令第94号）
- 「特定業務委託事業者が募集情報の的確な表示、育児介護等に対する配慮及び業務委託に関して行われる言動に起因する問題に関して講ずべき措置等に関して適切に対処するための指針」（令和6年厚生労働省告示第212号）
- 「特定受託事業者に係る取引の適正化等に関する法律の考え方」（令和6年5月31日公正取引委員会・厚生労働省）
- 「特定受託事業者に係る取引の適正化等に関する法律と独占禁止法及び下請法との適用関係等の考え方」（令和6年5月31日公正取引委員会）

このほか、本法に関する行政関係資料として、

- 「フリーランス・事業者間取引適正化等法Q&A」（https://www.mhlw.go.jp/content/001179815.pdf）
- 「「特定受託事業者に係る取引の適正化等に関する法律施行令（案）」等に対する意見の概要及びそれに対する考え方」（https://www.jftc.go.jp/houdou/pressrelease/2024/may/02_fl_opinionandthinking.pdf）

があります。

Q1-3 ▶ フリーランス法は独禁法及び下請法とどのような適用関係にあるのか

フリーランス法の適用は独禁法や下請法よりも優先するのですか。

A 原則として優先するとされています。ただし、業務委託事業者又は特定業務委託事業者の違反行為が下請法のみに違反するものを含み、かつ、当該違反行為の全体に対し下請法を適用することが適当であると判断された場合には、下請法のみが適用されることもあるとされています。

解説 本法の立法過程において、下請法と「本法案の趣旨、目的は必ずしも一致するものではないことから、本法案では適用関係の整理規定を置いていません。なお、発注事業者の一つの行為について本法案と下請代金法の二つの法律を適用し得る場合には、個々の事案に応じて、公正取引委員会等においてどちらの法律を適用するか個別に判断することを想定しています」、「独占禁止法や下請代金法では、ハラスメント防止など、個人の就業環境整備に関する規制になじまないことや、資本金一千万円以下の事業者とフリーランスとの間の取引が規制対象とならないことから、新法として本法案を提出することといたしました」という政府答弁がありました（参院本会議令和5年4月21日・後藤茂之国務大臣）。執行指針では、本法と独禁法の両方に違反する行為については、原則として、法8条（勧告）の対象となった行為と同一の行為に対し、独禁法の20条（排除措置命令）と20条の6（課徴金納付命令）を重ねて適用することはないとされています。また、本法と下請法の両方に違反する行為については、原則として、下請法7条（勧告）を重ねて適用することはないとされています。ただし、前記のとおり、下請法のみが適用される場合もあるとされています。

業務委託事業者がフリーランスの給付の内容その他の事項の明示等を

行わないことは法3条で禁止され、これは下請法3条1項に対応しています。また、特定業務委託事業者による報酬の支払遅延は法4条5項で禁止され、これは独禁法2条9項5号ハ（優越的地位の濫用：支払遅延）と下請法4条1項2号（下請代金の支払遅延の禁止）に対応しています。さらに、下請法4条（親事業者の遵守事項）は優越的地位の濫用の典型的行為を定めているところ、法5条はその大部分につき特定業務委託事業者の遵守事項として禁止しています。特定業務委託事業者が法4条5項又は法5条に違反する行為をしたときは、公取委は、当該事業者が下請法2条7項に定められた「親事業者」にも該当する場合は下請法の適用を検討することができるほか、優越的地位の濫用として独禁法の適用を検討することもできます。

　三つの法律の適用関係が問題となる場面を具体的にみると、本法に違反する行為があったときに、【ア】当該行為が独禁法や下請法にも違反する場合と、【イ】当該行為のほかに下請法のみに違反する行為もあった場合を考える必要があります。

　【ア】について、法3条に違反する行為は、独禁法に違反するものでない一方、下請法にも違反するものであるため、本法の適用が優先します。次に、法4条又は法5条に違反する行為は、独禁法と下請法の両方に違反するものですが、当該行為のみが行われた事案では本法の適用が優先する一方、下請法上の「親事業者」が当該行為のほかに下請法のみに違反する行為もした事案では下請法が適用され、特定業務委託事業者が下請法に規定されていない優越的地位の濫用（独禁法2条9項5号ハが定める「取引の相手方に不利益となるように取引の条件を設定し、若しくは変更し、又は取引を実施すること」。以下「濫用行為一般条項」と呼びます。）に該当する行為もした事案では独禁法が適用されると考えられます。最後に、法6条3項が定める報復措置の禁止は、濫用行為一般条項と下請法4条1項7号が禁止しているため、報復措置の主体である業務委託事業者が下請法上の「親事業者」に該当する場合、当該行為のみが行われた事案では本法の適用が優先し、当該行為のほかに下請法のみに違反する行為もあった事案では下請法が適用され、濫用行為一般条項に該当する行

為もあった事案では独禁法が適用されると考えられます。他方、当該行為の主体である業務委託事業者が下請法上の「親事業者」に該当しない場合、当該行為（と本法の3条から5条までに違反する行為）が行われた事案では本法が適用され、濫用行為一般条項に該当する行為もあった事案では独禁法が適用されると考えられます。

【イ】について、下請法のみに違反する行為とは、有償支給原材料等の対価の早期決済の禁止（4条2項1号）と、割引困難な手形の交付の禁止（4条2項2号）を指しています。これらの行為のみがあった事案は当然のこと、下請法に違反する他の行為もあった事案では、下請法が適用されると考えられます（パブコメ4-3）。なお、このような事案において、特定業務委託事業者が下請法上の「親事業者」に該当しなければ、下請法を適用することはできないため、濫用行為一般条項を適用することが検討されると考えられます。

なお、フリーランスである特定受託事業者は「家内労働者」（家内労働法2条2項）も含むため、家内労働者の取引には本法と家内労働法の両方が適用されます。両法の適用関係は、①家内労働手帳（家内労働法3条）及び工賃の支払（同法6条、7条）については、家内労働法の義務を満たせば本法の義務（3条、4条）も満たすこととなり、②中途解除等の事前予告（法16条）については、本法の義務を満たせば家内労働法の努力義務（家内労働法5条）も満たすこととなり、③それ以外の規律については各法の義務がかかることになります（パブコメ4-8）。また、法2条3項が定める「業務委託」は建設工事の委託も含むため、本法と建設業法が重複して適用される場合も想定されます（パブコメ4-6）。

24

Q1-4 ▶ フリーランス法と労働法の適用関係

フリーランスに対して労働法が適用されますか。フリーランスが労働者かどうか判断するための基準を教えてください。

A　いわゆるフリーランスは契約形式的には労働者ではありません。しかし、働き方の実態に照らして、フリーランスが労基法等における労働者と認められるときは、当該フリーランスは特定受託事業者に当たりません。この場合、フリーランス法の適用がなく、労基法、労災保険法などの労働基準関係法令が適用されます。

他方で、フリーランスが特定受託事業者にあたる場合であっても、労組法における労働者と認められる場合があります。この場合は、当該フリーランスには本法が適用されるとともに、労組法も適用されます。

フリーランスが労基法等における労働者に当たるか否かは、契約の形式ではなく、実態として発注事業者との間に使用従属関係があるかどうかで判断されます。これに対して、労組法における労働者かどうかは、労基法等における場合と異なり、フリーランスに対する発注事業者の事業組織への組入れ、契約内容の一方的決定、報酬の労務対償性などいくつかの要素を総合的に考慮して判断します。

解説　1. フリーランスに対する労働関係法令の適用

いわゆるフリーランスは発注事業者と請負契約など雇用契約以外の契約を締結して業務を受託する事業者なので、契約形式的には労働者ではありません。しかし、労働者かどうかは契約の形式や名称にかかわらず、個々の働き方の実態に基づいて判断されますので、実質的に労基法等における労働者と認められる場合があります。この場合、当該フリーランスは特定受託事業者に該当しません。当該フリーランスには本法は適用されず、労基法、労災保険法などの労働基準関係法令が適用されます。

第1章　立法経緯と主な内容 ── 25

他方、発注事業者との関係で、フリーランスが本法の特定受託事業者に該当する者であっても、「労組法上の労働者」と認められる場合があります。この場合、当該フリーランスは、発注事業者との関係で本法が適用されるとともに、労組法も適用されます。そのため、当該フリーランス（特定受託事業者）は、団体交渉等について労組法による保護を受けることができます（Q＆A5）。

　2.で述べるように、労基法等における労働者は労組法のそれと異なり、前者より後者の範囲がより広いと考えられますので、注意が必要です。

　したがって、雇用契約以外の契約によって業務委託を受ける、いわゆるフリーランスの法的地位は、まず、フリーランス法の適用を受ける特定受託事業者と労基法等における労働者に別れます。そして、特定受託事業者は、労組法、独禁法、下請法のそれぞれの適用要件を満たせば、各法令が適用されことになります。各法令の適用関係をイメージすると以下の図のようになります。

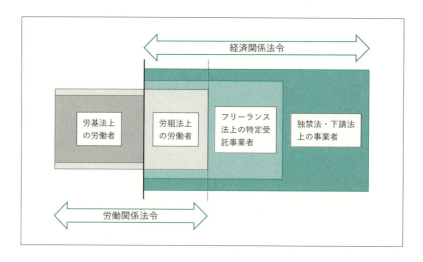

2．労働者性の判断基準

　労基法9条は労働者を「事業又は事業所……に使用される者で、賃金を支払われる者」と定義していますが、行政及び多くの裁判例は、労基

法における労働者かどうかは、契約の形式にかかわらず、実態として「使用従属関係」があるかどうかによって判断しています。

　使用従属関係の有無は、指揮監督関係及び報酬の労務対償性の有無を基準として判断しますが、指揮監督関係については、さらに、①仕事の依頼、業務従事の指示等に対する諾否の自由、②業務内容及び業務遂行方法に対する指揮監督、③勤務場所、勤務時間の拘束性、④労務提供の代替性を考慮し、さらに、事業者性、専属性その他の補強要素を総合的に考慮して判断されます（フリーランスガイドライン第6の2）。

　これに対して、労組法3条は労働者を「職業の種類を問わず、賃金、給料その他これに準ずる収入によって生活する者」として、労基法上の労働者と異なった定義をしています。労組法上の労働者かどうかは、労基法上の労働者の判断基準と異なり、基本的に①発注事業者がフリーランスをその事業組織に組み入れているか、②契約内容を一方的定型的に決定しているか、③報酬が労務の対価として支払われているかによって判断し、その上で、④業務依頼に対して諾否の自由があるか、⑤広い意味での指揮監督関係の有無を補強的に判断し、さらに⑥顕著な事業者性の有無を消極的要件として総合的に考慮して判断します（フリーランスガイドライン第6の4）。

　労組法上の労働者は、事業組織への組み入れ、契約の一方的決定など使用従属性の判断基準にはない要素を重視し、さらに、「顕著な」事業者性がある場合に限って労働者性を否定するという構造をとっているために、事業者性を有するものも労組法上の労働者となると考えられます。その意味で、労基法等における労働者は労組法のそれとは異なり、前者より後者の範囲がより広いと考えられます。

コラム1 フリーランスの労働者性を争った事例

　上記のように労働者性の判断基準は一応確立しているといえますが、実際には、フリーランスの働き方は多様であり、労働者かどうかの判断は個別には困難な場合が少なくありません。いくつかの事例を紹介します。

　運送会社から運送を受託し、自分のトラックを持ち込み運送業務を行った運転者の労働者性が争われた事案で、最高裁は、①委託企業の運転手に対する業務の遂行に関する指示が原則として、運送物品、運送先および納入時刻に限られていたこと、②勤務時間については、同社の一般の従業員のように始業時刻および終業時刻を定めていなかったこと、③報酬がトラックの積載可能量と運送距離によって定まる運賃表により出来高が支払われていたこと、④トラックを所有し、燃料代などを自分で負担していたことなどから、労基法上の労働者性を否定しています（横浜南労基署長（旭紙業）事件・最判平成8年11月28日労働判例714号14頁）。

　マンションの内装工事を請け負った大工の労働者性が争われた事例で、最高裁は、①大工が自分の判断で工事に関する具体的な工法や作業手順を選択することができたこと、②事前に発注事業者の現場監督に連絡すれば、工期に遅れない限り、仕事を休んだり、所定の時刻より後に作業を開始したり所定の時刻前に作業を切り上げたりすることも自由であったこと、③報酬の取決めは、完全な出来高払の方式が中心とされていたことなどから、労基法上の労働者性を否定しています（藤沢労基署長（大工負傷）事件・最判平成19年6月28日労働判例940号11頁）。

　芸能分野では、オペラ合唱団員の労基法上の労働者性を争った事例があります。裁判所はオペラ合唱団員が劇場（発注者）の依頼を断る自由を有していたことなどから労基法上の労働者性を否定しています（新国立劇場運営財団事件・東京高判平成19年5月16日労働判例944号52頁）。しかし、同じ事案で、最高裁は合唱団員が、各公演の実施に不可欠な歌唱労働力として発注者の組織に組み入れられていたことなどから、労組法上の労働者性を認めています（最判平成23年4月12日民集65巻3号943頁）。

　また、芸能プロダクションとの関係においてタレントの労基法上の労働者性が争われた事案で、専属マネジメント契約に基づき基本的に芸能

プロダクションの指示に従って業務に携わってきたこと、業務に関連して制作された著作物等の権利及び芸名に関する権利はすべて芸能プロダクションに帰属する上、タレントが芸能プロダクションを介することなく芸能活動を行うことについて厳しい制約を受けていたことなどから、労基法上の労働者性を認めた裁判例があります（J社ほか1社事件・東京地判平成25年3月8日労働判例1075号77頁）。

　フリーランスの労働者性を争った裁判例は多いですが、フリーランスの職種・働き方は多種多様で、前述の労働者性の判断基準を当てはめても、結論を予測することは容易ではありません。

第2章

目的と定義

Q2-1 ▶フリーランス法の目的

法1条は法の目的を規定しています。フリーランス法が制定された趣旨・目的は具体的にどのようなものですか。

A フリーランスという働き方が普及拡大している一方において、取引・就業環境上のトラブルも生じています。

このような現状に鑑み、取引条件の明示義務等の「取引の適正化」措置を講ずるとともに、ハラスメント防止措置等の「就業環境の整備」措置を講ずることによって、フリーランスが事業者として受託した業務に安定的に従事することができる環境の整備を目的として、フリーランス法は制定されたものです。

解説

1. 背景事情～フリーランスという働き方の普及拡大と課題～

内閣官房の2020年調査において、フリーランスは462万人と推計されています。

フリーランスという働き方を選択する理由としては、(i)専門的な技能・経験を用いて自分の仕事のスタイルで働くため、(ii)働く時間や場所について拘束を受けずに自由に働くため、(iii)育児や介護との両立を図るためなど様々なものがあり、ニーズに応じた柔軟な働き方の選択肢として普及拡大しています。

また、フリーランスについては、2022年6月7日に閣議決定された「新しい資本主義のグランドデザイン及び実行計画」のⅢ3(1)において、「⑩従業員を雇わない創業形態であるフリーランスの取引適正化法制の整備」と位置付けられているように、「創業の一形態」として経済の活性化へつながることへの期待もあります。

さらに、2021年3月に策定されたフリーランスガイドラインの「第1はじめに」においては、「フリーランスについては、多様な働き方の拡大、ギグ・エコノミー（インターネットを通じて短期・単発の仕事を請け負い、個人で働く就業形態）の拡大による高齢者雇用の拡大、健康寿命の

32

延伸、社会保障の支え手・働き手の増加などに貢献することが期待される。」とされており、高齢者の就業拡大の点からも意義づけられています。

その一方において、2021年に4省庁（内閣官房、公取委、中企庁、厚労省）が実施した調査や、フリーランス・トラブル110番における相談によって、次のような、フリーランスという働き方に関する課題があるという実態が明らかになっていました。

① フリーランスの約4割が、一方的なキャンセルや報酬の不払いのトラブルなど、依頼者から納得できない行為を受けた経験があること（同調査）。

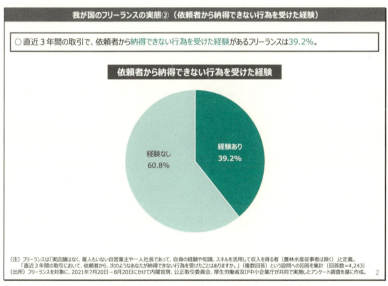

〔4省庁（内閣官房、公取委、中企庁、厚労省）広報動画パワポ資料〕

② 4割を超えるフリーランスが、取引条件や業務内容が、書面やメールなどで十分に示されていない、又は全く示されていないこと（同調査）。

第2章　目的と定義 —— 33

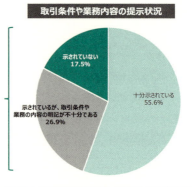

〔4省庁（内閣官房、公取委、中企庁、厚労省）広報動画パワポ資料〕

③フリーランス・トラブル110番においては、パワハラやセクハラに関する相談も寄せられていること

2．法制定による課題への対処

　政府はフリーランス法案の国会審議での答弁において、これらの課題が生じる要因としては、従業員を使用せず一人の個人として業務委託を受けるフリーランスと、組織たる発注事業者との間には、構造的に交渉力や情報収集力の格差が生じやすいことがあると考えられることから、このような取引上の弱い立場に着目して、課題に対処するための措置を講ずる必要があるとしています。他方で、事業者間取引における契約自由の原則の観点から、介入は最小限にとどめ、発注控えが生じることのないよう規制は最小限とする必要があるとの考えも明らかにしています（衆院内閣委令和5年4月5日・後藤茂之国務大臣、小林浩史政府参考人）。

　このような考え方に立ち、フリーランス法は、特定業務委託事業者とフリーランスの業務委託に係る取引全般について、業種横断的に共通す

る最低限の取引義務（規律）を設け、その取引の適正化、就業環境の整備を図るものであるとされています（衆院内閣委令和5年4月5日・後藤茂之国務大臣）。

　フリーランス法は、一人の個人として業務委託を受けるフリーランスを対象として、取引条件の明示義務等の「取引の適正化」に係る措置を講ずるとともに、ハラスメント防止措置等の「就業環境の整備」に係る措置を講ずることにより、フリーランスが事業者として受託した業務に安定的に従事することができる環境を整備するために制定されたものです。

Q2-2 ▶フリーランスの定義

法2条1項において、フリーランスについては「特定受託事業者」という語で定義されています。「特定受託事業者」とはどのような者を指すのかにつき説明してください。
また、法2条2項において、フリーランスについては「特定受託業務従事者」という語でも定義されています。なぜこのような定義も設けられたのかにつき説明してください。

A　フリーランス法が定義する「特定受託事業者」とは、①事業者からの業務委託を受けている者であること、②個人一人で業務を行う者であること、という二つの要件を満たす者、すなわち、個人一人で事業者間（B to B）における委託取引を行う者を意味します。

「特定受託業務従事者」とは、ハラスメントに関する規定（法14条）に関し、自然人たる生身の人間を保護する趣旨であることを示すために定義されたものであり、「特定受託事業者」の範囲と実質的な違いはありません。

解説　1.「特定受託事業者」の意味内容

　フリーランス（freelance）とは、元々は、特定の君主に仕えない「中世の野武士、自由騎士」（ウィズダム英和辞典第4版）を意味するものですが、一般的には、「一定の会社・組織に属していない自由契約のジャーナリスト・作家や俳優など」（大辞林第4版）を意味し、個人で仕事をする者を幅広く呼称するものとして用いられています。

　フリーランス法には、このような一般的意味での「フリーランス」という語は登場しておらず、法の対象となるフリーランスについては「特定受託事業者」という語で、「業務委託の相手方である事業者であって」、「従業員を使用しないもの」をいう（法2条1項1号）と定義されています。

●36

すなわち、フリーランス法が適用されるフリーランスについては、①事業者からの業務委託を受けている者であること、②個人一人で業務を行う者であること（組織としての実態を当該個人が有していないもの）という二点が要件とされ、このような者が法の保護対象である趣旨を明確化するため、法の保護対象の呼称を「フリーランス」ではなく「特定受託事業者」としたと、国会審議において政府より説明されています（参院内閣委令和5年4月25日及び4月27日・後藤茂之国務大臣）。

　この定義によると、法2条3項において、「業務委託」が「事業者がその事業のために……を委託すること」と定義されていることとも相まって、フリーランス法の適用は事業者間（B to B）における委託取引に限定されることになります。他方で、特定の事業者との関係で従業員として雇用されている個人が、副業で行う事業について、事業者として他の事業者から業務委託を受けている場合は、他の事業者から受託している業務を行う範囲においては「特定受託事業者」に該当し得ることになります（Q&A14）。

　このような定義とした理由については、従業員を使用せず、一人の個人として業務委託を受けるフリーランスは、従業員を使用して組織として事業を行う特定業務委託事業者との間で交渉力、情報収集力の格差が生じやすいからであると、国会審議において政府から説明がなされています（参院内閣委令和5年4月25日・後藤茂之国務大臣）。

　フリーランスがいわゆる法人成りをしている場合もありますが、その場合は、業務委託の相手方である事業者であって従業員を使用しないものであることに加えて、代表者以外に他の役員（理事、取締役、執行役、業務を執行する社員、監事若しくは監査役又はこれらに準ずる者をいう）がいないものを「特定受託事業者」というと定義されています（法2条1項2号）。

　ここでいう「従業員を使用」とは、①1週間の所定労働時間が20時間以上であり、かつ、②継続して31日以上雇用されることが見込まれる労働者を雇用することをいうとされています（解釈指針第1部1(1)）。

　ただし、派遣労働者を受け入れる場合において、1週間の所定労働時

間が20時間以上であり、かつ、31日以上労働者派遣の役務の提供を受けることが見込まれる場合は、当該派遣労働者を雇用していないものの、「従業員を使用」に該当するとされています（解釈指針第1部1(1)）。

なお、事業に同居親族のみを使用している場合は、「従業員を使用」に該当しないという考えが示されています（解釈指針第1部1(1)）。

フリーランス法上のフリーランスの定義である「特定受託事業者」のイメージは次のとおりです。

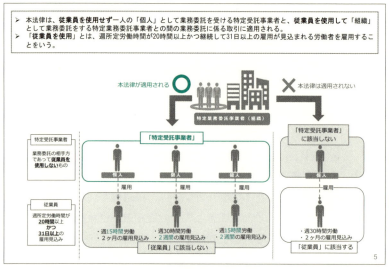

〔4省庁（内閣官房、公取委、中企庁、厚労省）説明資料p5〕

2．「特定受託業務従事者」の意味内容

フリーランス法では、フリーランスについて、「特定受託業務従事者」という語での定義もなされており、「「特定受託業務従事者」とは、特定受託事業者である個人及び特定受託事業者である法人の代表者をいう」とされています（法2条2項）。

前述した「特定受託事業者」は、取引主体としての事業者に着目して定義されたものですが、フリーランス法に盛り込まれたハラスメントに関する規定（法14条）に関しては、取引主体たる事業者に対するハラス

メントは観念しえないので、自然人たるフリーランスを生身の人間として保護する趣旨であることを示す必要があり、この点に着目した定義も必要となります。

このため、「特定受託業務従事者」という定義規定も設けられ、「特定受託業務従事者」とは、「特定受託事業者」であることを前提としたうえで、個人事業者の場合は「個人」そのもの、法人の場合は「法人の代表者」という自然人を指すと定義されています。

このように「特定受託業務従事者」は「特定受託事業者」であることが前提となっていますので、「特定受託業務従事者」と「特定受託事業者」の範囲に実質的な違いはありません。

Q2-3 ▶「業務委託」の意義

フリーランス法の適用対象となる「業務委託」とは、具体的にはどのような行為を指しますか。

A 「業務委託」とは、事業者がその事業のために他の事業者に①物品の製造（加工を含む。）、②情報成果物の作成又は③役務の提供を委託することをいいます。下請法と比べて、広範囲の取引（業務委託事業者が自ら用いる役務の委託など）がフリーランス法の対象となります。また、国境をまたぐ業務委託についても、フリーランス法の適用対象となる可能性があるため、留意する必要があります。

解説 フリーランス法の適用対象となる「業務委託」（法2条3項）とは、「事業者」が「その事業のため」に「他の事業者」に①「物品の製造（加工を含む。）」、②「情報成果物の作成」又は③「役務の提供」を「委託」することをいいます。

1.「事業者」

「事業者」とは、「商業、工業、金融業その他の事業を行う者」をいいます（解釈指針第1部1）。公表資料では明確に述べられていませんが、独禁法2条1項で定められた「事業者」の定義と同じです。NPO法人や一般社団法人等の非営利団体であっても、「事業者」に該当し得ます（パブコメ1-2-3）が、純粋に無償の活動のみを行っている者は「事業者」に該当しません（Q&A6）。

2.「その事業のため」

「その事業のため」に委託するとは、当該事業者が行う事業の用に供するために委託することをいいます（解釈指針第1部1(2)）。具体的には、法人である業務委託事業者については、法人が自身の事業（必ずしも定款

40

に具体的に記載されている目的に限られません。）の用に供するために行う委託行為は、広く「事業のため」に委託する行為に該当します。個人である業務委託事業者については、事業者として契約の当事者となる場合も、消費者として契約の当事者となる場合もあり得るところ、個々の具体的な業務委託に応じて、当該個人が「事業者として契約の当事者となっている」といえる場合には「事業のため」に該当するとされており、「事業者として契約の当事者となっている」か否かは、以下の二つの要素を考慮して判断されます（Q&A21）。

- 契約締結の段階で、業務の内容が事業の目的を達成するためになされるものであることが客観的、外形的に明らかであるか。
- 事業の目的を達成するためになされるか否かが客観的、外形的に明らかでない場合には、消費者として当該業務委託に係る給付を受けることが想定し難いものか。

なお、法人であるか個人であるかを問わず、業務委託事業者が純粋に無償の行為のために行う委託は「事業のため」に委託する行為に該当しません（Q&A21）。また、農業者同士の収穫作業等の相互扶助は、住民間相互に収穫作業等を協力し合うことが慣習となっている場合は、事業活動とはいえず、事業者間の行為とはいえないことから、業務委託には該当しないとされています（Q&A20）。

3.「他の事業者」

「他の事業者」とは、自身とは法律上も実態上も明確に区分できる独立の主体である事業者を意味します（公取委厚労省逐条解説36頁）。この点、株式会社と取締役、会計参与、監査役、会計監査人や、いわゆる委任型の執行役員との間の契約関係は、当該株式会社の内部関係にすぎませんので、これらの者は当該株式会社にとっての「他の事業者」には当たりません（Q&A19）。

第2章 目的と定義 —— 41

4．「委託」

(1) 委託の判断基準等

　フリーランス法は、下請法と同様、その対象を委託取引に限っています。これは、委託取引では独禁法の優越的地位の濫用が類型的に起こりやすいという価値判断によるものです。フリーランス法にいう「委託」とは、事業者が他の事業者に、給付に係る仕様、内容等又は役務の内容等を指定して、①物品の製造、②情報成果物の作成又は③役務の提供を依頼することをいいます（解釈指針第1部1(2)ア(エ)、イ(イ)、ウ(イ)）。「委託」に該当するか否かは、取引の実態に基づき判断するものであり、民法上の契約の類型のいずれに該当するか等、契約の形態は問いません（パブコメ1-2-35）。

(2) 委託の具体例

　製造委託にあっては、物品等の規格・品質・性能・形状・デザイン・ブランドなどを指定して製造・加工を依頼することが「委託」に該当します。そのため、事業者が既製品を購入することは、当該既製品についてその一部でも加工等をさせる場合を除き、原則として「委託」に該当しないとされています（Q&A23）。

　情報成果物の作成委託にあっては、ソフトウェア・映像コンテンツ・各種デザイン・楽曲・文章等の仕様・テーマ・コンセプトなどを指定して作成を依頼することが「委託」に該当します。そのため、ソフトウェアメーカーが既に販売しているパッケージソフトを購入する場合は、その一部でも自社向けに仕様変更等をさせる場合を除き、原則として「委託」に該当しないとされています（Q&A27）。

　その他、単に既にある物品等の貸出しを依頼することは、給付に係る仕様、内容等を指定して物品の製造、情報成果物の作成又は役務の提供を依頼していないため、フリーランス法上の「業務委託」に該当しないとされています（Q&A22）。なお、「委託」に該当するか否かの判断においては、著作権の譲渡や著作者人格権の譲渡の有無は問わないとされています（パブコメ1-2-38）。

5．委託の類型

⑴ 物品の製造（加工を含む。）

「物品」とは動産（不動産を含まない。）のことをいい、「製造」とは原材料たる物品に一定の工作を加えて新たな物品を作り出すことを、「加工」とは原材料たる物品に一定の工作を加えることによって一定の価値を付加することをいいます（解釈指針第1部1⑵ア(ア)～(ウ)）。いずれの用語も下請法運用基準第2の1⑶と同じ定義が採用されています。

もっとも、下請法の対象とされるのは、全ての物品等ではなく、販売目的物である物品など一定程度限定されていますが、フリーランス法ではそのような限定はありませんので、下請法上の製造委託より広い範囲の製造委託が対象となります。自家使用物品（発注事業者が製造過程で用いる製造機械や工具など）の製造を他の事業者に委託する行為について、下請法の適用対象となるのは、当該製造を「業として行う場合」（社会通念上事業の遂行とみられる程度に反復継続して行う場合）に限られますが、フリーランス法上はそのような限定はありません（Q＆A24、公取委厚労省逐条解説224頁）。

⑵ 情報成果物の作成

「情報成果物」とは、以下の①～④のいずれかに該当するものをいい（法2条4項）、「作成」とは、製造委託における「製造」に相当するもので、新たな情報成果物を作り出すことをいいます。法2条4項の定義は、下請法2条6項と同じです。なお、下請法においてもフリーランス法においても、現時点において④として政令で定められたものはありません。

①プログラム（電子計算機に対する指令であって、一の結果を得ることができるように組み合わされたもの）

　　例：ゲームソフト、顧客管理システム等

②映画、放送番組その他影像又は音声その他の音響により構成されるもの

　　例：テレビ番組、映画、アニメーション等

③文字、図形若しくは記号若しくはこれらの結合又はこれらと色彩との結合により構成されるもの

第2章　目的と定義 ── 43

例：設計図、各種デザイン、漫画等

④上記①から③に類するもので政令で定めるもの

例えば、ソフトウェア、映像コンテンツ、デザインなどの作成を委託することが情報成果物の作成委託に該当します。また、作曲又は編曲の委託をする場合、楽曲の楽譜の作成を委託することは、上記③の作成を委託するものとして情報成果物の作成委託に該当し、楽曲を収録した音響データ（当該データを記録した電子的記録媒体を含みます。）の作成を委託することは、上記②の作成を委託するものとして情報成果物の作成委託に該当します（パブコメ1-2-36）。なお、情報成果物の使用を許諾することは業務委託（情報成果物の作成委託）に該当しません（パブコメ2-3-15）。

なお、業として製造を行っていない自家使用物品の製造委託と同様、業として作成を行っていない自家使用情報成果物の作成委託は、下請法では適用対象とならない一方、フリーランス法では適用対象となります。

(3) 役務の提供

ア　概要　「役務の提供」とは、いわゆるサービス全般について労務又は便益を提供することをいいます。例えば、演技、演奏、接客、配送等を委託することは、役務の提供の委託に該当します（パブコメ1-2-39）。下請法では、物品の修理行為の委託を「修理委託」と定義しています（下請法2条2項）が、フリーランス法では、修理委託と役務提供委託を分けて定義せず、修理委託における修理も役務提供の一つと整理されており、下請法上の「修理委託」はフリーランス法の「役務の提供」の委託の一つとして、「業務委託」に含まれます（Q&A25）。

イ　自家利用役務　下請法においては、役務提供委託については「業として行う提供の目的たる役務の提供の行為の全部又は一部」を他の事業者に委託する場合に限って規制の対象とすることとしています（下請法2条4項）。業として行う提供の目的ではない役務の提供、すなわち発注事業者が自ら用いる役務（自家利用役務。例えば、荷主から梱包作業は請け負っていないが、自らの運送作業に必要である梱包作業を他の事業者に委託することは、自家利用役務の委託に該当します。）の委託を行

う場合には、当該委託につき下請法の適用はありません。

　これに対し、フリーランス法における「業務委託」の定義においては、「……役務の提供を委託すること（他の事業者をして自らに役務の提供をさせることを含む。）」（法2条3項2号）と規定されていますので、自家利用役務（下請法上の修理委託も含みます。）の委託も適用対象とされています。なお、上記のとおり、下請法の下では自家利用役務の委託が適用対象外であったことから、情報成果物の作成委託と役務の提供委託とを区別する意義が大きかった（下請法講習会テキスト14頁参照）ものの、フリーランス法の施行後においては、いずれにしてもフリーランス法の「業務委託」に該当することから、かかる区別の意義は相対的に小さくなると考えられます。

　ウ　建設工事の下請負　　下請法は、「建設業（建設業法（昭和24年法律第100号）第2条第2項に規定する建設業をいう。以下この項において同じ。）を営む者が業として請け負う建設工事（同条第1項に規定する建設工事をいう。）の全部又は一部を他の建設業を営む者に請け負わせることを除く。」と規定し、建設工事の下請負を下請法の適用対象となる取引の範囲から除外しています（下請法2条4項）。これは、建設工事の下請負については、建設業法において下請法と類似の規定が置かれており、下請事業者の保護が別途図られているためです（下請法講習会テキスト13頁）。

　これに対し、フリーランス法は、このような除外規定を設けていないため業種・業界の限定はなく、広く役務の提供の委託について適用されることとなります。

6. 国境をまたぐ業務委託

　国境をまたぐ業務委託が行われる場合において、これをどの範囲で適用対象とすべきかが問題となります。この点に関して、パブコメでは、「国又は地域をまたがる業務委託については、その業務委託の全部又は一部が日本国内で行われていると判断される場合には、本法が適用されます。」との考え方が示されています（パブコメ1-1-12）。また、国会答弁

第2章　目的と定義 —— 45

では、当該パブコメと同様の考え方が述べられた後、具体的な適用場面として、①日本に居住するフリーランスが海外に所在する発注事業者から業務委託を受ける場合、②海外に居住するフリーランスが日本に居住する発注事業者から業務委託を受ける場合について、委託契約が日本国内で行われたと判断される場合、③業務委託に基づきフリーランスが商品の製造やサービスの提供等の事業活動を日本国内で行っていると判断される場合、が挙げられています（参院本会議令和5年4月21日・後藤茂之国務大臣）。上記②及び③の具体例からしますと、日本に所在するフリーランスへの業務委託のみならず、海外に所在するフリーランスへの業務委託もフリーランス法の適用対象となる可能性があるため、留意する必要があります。

　もっとも、フリーランス法が「我が国における働き方の多様化の進展に鑑み」、フリーランス「に係る取引の適正化……を図り」、「もって国民経済の健全な発展に寄与すること」を目的としていることに照らし、下請法と同様（長澤哲也『優越的地位濫用規制と下請法の解説と分析［第4版］』127-128頁）に、フリーランス法が適用されるのは日本にフリーランスが所在する場合に限られるとの解釈も十分に可能であるように思われます。

Q2-4 ▸ 「業務委託事業者」と「特定業務委託事業者」の意義

フリーランス法の適用対象となる発注事業者として、「業務委託事業者」と「特定業務委託事業者」が定められていますが、それぞれどのような事業者を指しますか。また、発注事業者とフリーランスとの間を仲介するいわゆる仲介事業者は、これらに該当しますか。

A 「業務委託事業者」とは、フリーランスに業務委託をする事業者をいいます。「特定業務委託事業者」とは、業務委託事業者のうち、①役員が2名以上存在している法人又は②従業員を使用している法人若しくは個人をいいます。

また、仲介事業者については、仲介事業者が発注事業者から受注した業務をフリーランスに再委託する場合には、当該仲介事業者は業務委託事業者に該当しますが、そのような再委託がない場合には、当該仲介事業者の委託の内容への関与状況等を踏まえ、ケースバイケースで判断することになると考えられます。

解説

1.「業務委託事業者」と「特定業務委託事業者」の意義

フリーランス法は、フリーランス法の適用対象となる発注事業者として、「業務委託事業者」と「特定業務委託事業者」の2種類の事業者を定めています。下請法上の親事業者（下請法2条7項）とは異なり、資本金要件は設けられていませんので、資本金の金額にかかわらず、「業務委託事業者」や「特定業務委託事業者」として、フリーランス法の適用対象となる可能性があります。

(1) 業務委託事業者

「業務委託事業者」とは、フリーランス（特定受託事業者）に業務委託をする事業者をいいます（法2条5項）。フリーランスも自らが発注事業者となる場合には、「業務委託事業者」に該当します。

第2章 目的と定義 —— 47

なお、国や地方公共団体であっても、その活動が事業に該当し、その活動に関してフリーランスに業務委託を行う場合は、「業務委託事業者」に該当するとされ、例えば、水道事業、自動車運送事業、鉄道事業、電気事業、ガス事業、病院事業等は、事業に該当すると考えられるとされています（Q&A 28）。

(2) 特定業務委託事業者

　「特定業務委託事業者」とは、業務委託事業者のうち組織性を有するものをいいます。具体的には、業務委託事業者のうち、①役員が2名以上存在している法人又は②従業員を使用している法人若しくは個人をいいます（法2条6項）。従業員の使用の有無に関する考え方については、Q2-2と同様です。

(3) 「業務委託事業者」又は「特定業務委託事業者」に該当した場合

　発注事業者は「業務委託事業者」又は「特定業務委託事業者」に該当した場合、フリーランス法の規制に服するところ、両者のいずれに該当するかによって規制の内容が異なります。すなわち「業務委託事業者」は、書面等による取引条件の明示（法3条）及び報復措置の禁止（法6条3項）の各義務のみを負いますが、「特定業務委託事業者」は、当該義務

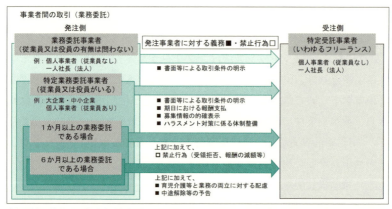

〔内閣官房新しい資本主義実現本部事務局・公取委・中企庁・厚労省「特定受託事業者に係る取引の適正化等に関する法律（フリーランス・事業者間取引適正化等法）【令和6年11月1日施行】説明資料」6頁より抜粋。〕

に加えて、期日における報酬支払義務（法4条）、1か月以上の期間行う業務委託である場合には法5条で定める行為（報酬の減額など）が禁止されます。

2．仲介事業者の発注事業者該当性

　サービス利用者から仲介に対する手数料や仲介サービスの利用料を徴収するというビジネスモデルを採る事業者（いわゆる仲介事業者、例えば、配達員と飲食業者の仲介を行う食品配達サービスを提供する事業者など）がいます（フリーランスガイドライン24頁）。このような仲介事業者の存在は、フリーランスとの取引に限ったものではありませんが、フリーランスとの取引において類型的に多いことを踏まえ、仲介事業者に「業務委託事業者」に該当するとしてフリーランス法の規制を及ぼすことができないかといった問題意識があります。

　フリーランス法上の「業務委託事業者」に該当するかどうかは、仲介事業者が発注事業者から受注した業務をフリーランスに再委託する場合には、当該仲介事業者は「業務委託事業者」に該当しますが、そのような再委託がない場合は、当該仲介事業者が実質的に「業務委託事業者」に該当するかどうかを判断することになります。具体的には、当該仲介事業者による委託の内容（物品、情報成果物又は役務の内容、相手方事業者の選定、報酬の額の決定等）への関与の状況のほか、必要に応じて反対給付たる金銭債権の内容及び性格、債務不履行時の責任主体等を、契約及び取引実態から総合的に考慮することとされます（解釈指針第1部3参照、パブコメ1-2-44、Q＆A29参照）。

　例えば、当該仲介事業者が、フリーランスとの間で委託業務に係る業務委託契約を締結しておらず、実態としても発注事業者と受注事業者との間の事務手続の代行（注文書の取次ぎ、報酬の請求、支払等）を行っているにすぎないような場合は、当該フリーランスに対して業務を委託しておらず単に仲介をしているだけであるため、当該フリーランスとの関係では、当該仲介事業者は「業務委託事業者」とはなりません（Q＆A29参照）。

第2章　目的と定義 —— 49

コラム❷ 芸能・クリエイティブ分野における芸能事務所と芸能実演者の関係

　フリーランスである芸能実演者（芸能人）が、たとえば、広告出演という役務の提供委託を受ける状況では、芸能事務所、広告主とその代理店、キャスティング会社など複数の事業者が当該広告の制作に関与し、芸能事務所が（芸能実演者の代理人ではなく自己の立場で）キャスティング会社を通じて代理店と受発注の交渉を行うこともあるなど、芸能実演者からみた業務委託事業者が判然としないほか、芸能事務所や代理店が「当社は仲介事業者であって発注者ではない」と主張するため、業務委託事業者が負うべき本法上の義務の所在が不明になることも少なくありません（パブコメ1-2-42）。

　解釈指針第1部の3は、「実質的に」フリーランスに業務委託をしているといえる「別の事業者」が存在する場合には、当該事業者が業務委託事業者に該当するとした上で、「実質的に」の該当性は「委託の内容（物品、情報成果物又は役務の内容、相手方事業者の選定、報酬の額の決定等）への関与の状況のほか、必要に応じて反対給付たる金銭債権の内容及び性格、債務不履行時の責任主体等を、契約及び取引実態から総合的に考慮し」判断すると説明しています。この説明は、フリーランスガイドライン第5・脚注27に記載された「仲介事業者が実質的に特定受託事業者やフリーランスに対する発注事業者に該当するような場合」の判断方法と考慮要素を具体化したものといえます。

　公取委は、仲介事業者であると主張する者が「実質的に」の該当性を満たすのであれば、当該仲介事業者が業務委託事業者に当たる旨の見解を明らかにしています（パブコメ1-2-44）。前記のような役務の提供委託について考えてみると、芸能事務所が芸能実演者との間で当該芸能実演者の受託すべき役務の内容、報酬の額や支払方法等を定めた基本契約を締結した上で、当該芸能事務所が、商流の上位発注者との間で役務提供委託契約を締結し、当該委託契約で定められた給付の内容や報酬の額などを考慮の上、当該芸能実演者を選定し、給付の内容や報酬の額などを個別契約で定めて発注（再委託）していれば、当該芸能事務所が「実質的に」業務委託事業者に該当すると考えられます。報酬の額の決定等「委託の内容」に何ら関与していない場合でない限り、芸能事務所は芸能実演者に対する業務委託事業者であると考えてよいでしょう。

50

Q2-5 ▶「報酬」の意義

フリーランス法では、「報酬」の額及び支払期日並びに現金以外の方法により報酬を支払う場合の支払方法に関する事項についてフリーランスへ明示することが要請されていますが、「報酬」とはどのようなものを指しますか。

A 「報酬」とは、業務委託事業者が業務委託をした場合にフリーランスの給付に対し支払うべき代金をいいます。下請法上の「下請代金」に相当するものです。「下請代金」と同様、給付又は役務の提供に対する対価のほか、消費税・地方消費税が含まれ、業務遂行のために必要な費用等が含まれる場合もあります。また、現金以外の支払方法として、下請法で許容されている支払方法のほか、いわゆるデジタル払いの方法が許容されています。

解説　1.「報酬」の意義

　「報酬」とは、業務委託事業者が業務委託をした場合にフリーランスの給付に対し支払うべき代金をいいます（法2条7項）。下請法上の「下請代金」（下請法2条10項）に相当するものです。下請代金と同様、報酬には、消費税・地方消費税も含まれます（解釈指針第1部5）。

　また、委託を受けた業務の遂行のために必要な費用（例えば、材料費、交通費、通信費）について、業務委託事業者自身が負担する場合には、当該費用等も報酬に含める必要があります（解釈指針第2部第1の1(3)キ(ウ)）。また、業務委託の目的物たる給付に関し、フリーランスの知的財産権が発生する場合において、業務委託事業者が目的物を給付させるとともに、当該知的財産権を自らに譲渡・許諾させることを含めて業務委託を行うときは、当該知的財産権の譲渡・許諾に係る対価も報酬に加える必要があります（解釈指針第2部第1の1(3)キ(イ)）。

第2章　目的と定義 —— 51

2.「報酬」の支払方法

　報酬の支払方法は、できる限り現金（金融機関口座へ振り込む方法を含む。）によるものとされていますが、当該支払方法が、フリーランスが報酬を容易に現金化することが可能である等フリーランスの利益が害されない方法である場合には、現金以外の方法で支払うことも許されています。なお、金融機関口座へ振り込む方法を採用する場合には、フリーランスに負担させることについて合意がないにもかかわらず振込手数料の額を報酬の額から差し引くことや、合意があるとしても金融機関に支払う実費を超えた振込手数料の額を報酬の額から差し引くことは、報酬の減額（法5条1項2号）としてフリーランス法上問題となるため留意する必要があります（Q＆A30）。

　現金以外の支払方法としては、下請法で許容されている支払方法（手形の交付、一括決済方式、電子記録債権。なお、各支払手段を用いる場合についての留意事項は、下請法と同様の考え方を採るとされています。）のほか、資金移動業者の資金移動業に係る口座への資金移動（いわゆるデジタル払い）が許容されています（Q＆A31）。もっとも、仮に当該取引がフリーランス法のほか下請法の適用対象ともなる場合には、下請法上デジタル払いは認められていないことから、デジタル払いを採用することはできないと考えられます。なお、各支払方法を採用する場合における明示事項についても留意する必要があります（法3条1項、公取委規則1条1項8号〜11号）。

第3章

特定受託事業者に係る取引の適正化

第1節 取引条件の明示義務（法3条）

Q3-1 ▶ 取引条件の明示義務（3条通知義務）の意義

なぜ業務委託事業者はフリーランスに対し3条通知により取引条件を明示しなければならないのでしょうか。フリーランス法3条通知と下請法3条書面との相違点についても教えてください。

A フリーランスという働き方が普及拡大している一方、取引条件が十分明示されないことによる取引上のトラブルも生じています。このようなトラブルを未然に防止し、取引を適正化する観点から、フリーランス法では業務委託事業者はフリーランスに対し取引条件を明示しなければならないとしています。

下請法の3条書面交付義務とは、電磁的方法による場合の事前承諾の有無、出力しての書面作成の可否などの点において異なります。

解説

1．3条通知の趣旨

Q2-1のとおり、4省庁（内閣官房、公取委、中企庁、厚労省）が実施したアンケート調査によれば、取引条件や業務内容について、書面・メールなどで十分に示されていない又は全く示されていないと回答したフリーランスは4割を超えています。この調査結果にも示されるように、発注事業者がフリーランスに対して業務委託を行う場合、契約内容が書面や電磁的記録等の媒体ではなく口頭で示されることが少なくなく、取引条件が明確に示されないことにより、業務内容や報酬等についてトラブルの生じている実態があることがかねてより指摘されていました。

54

そこで、書面又は電磁的記録によって給付の内容、報酬の額及び支払期日などの取引条件を明示させることにより、このようなトラブルを未然に防止し、また、取引上のトラブルが生じた場合には、取引条件に係る証拠として明示された内容を活用できることとするため、フリーランス法により、業務委託事業者に3条通知が義務付けられることとなりました（法3条）。下請法上の3条書面交付義務に相当するものです。

　3条通知による取引条件の明示は、当事者間の認識の相違を減らしトラブルを未然に防止するという点において、発注事業者が個人であるか組織であるかにかかわらず、発注事業者自身の利益にもつながります。したがって、3条通知義務を負う発注事業者、すなわち「業務委託事業者」にはフリーランスも含まれ、フリーランスがフリーランスに対し業務を委託する場合も3条通知を要するとされています。

2．下請法の3条書面交付義務との相違点

　下請法における3条書面の必要記載事項とフリーランス法における3条通知の明示事項は、基本的には同様であるものの、いずれかの法律のみに基づく記載事項も一部あるため（Q3-2）、注意が必要です。その他の相違点は以下のとおりです（Q&A35）。

(1) 電磁的方法による承諾の有無

　下請法では電磁的方法による場合、下請事業者から書面又は電磁的方法による事前承諾を得る必要があるものの（下請法3条2項）、フリーランス法では、業務委託事業者には個人も含まれるため過度の負担を課すことは望ましくないこと等を踏まえ、下請法と異なりフリーランスの事前承諾は不要とされています。

(2) 出力しての書面作成の可否

　下請法では下請事業者が電磁的記録を出力して書面を作成できる方法による必要がある一方（下請法3条書面規則2条1項、2項）、フリーランス法において同様の規定はなく、フリーランスが出力して書面を作成できる方法による必要はありません。業務委託事業者に過度の負担を課すことが望ましくないこと等を踏まえたものであると思われます。

第3章　特定受託事業者に係る取引の適正化 ── 55

(3)　報復措置の対象の有無

　フリーランス法において、業務委託事業者は、フリーランスが3条通知による取引条件の明示義務違反を含むフリーランス法に違反する行為を公取委又は中企庁長官に申し出たことを理由として、当該フリーランスに対し、取引数量を減じたり、取引を停止したり、その他不利益な取扱いをしてはならないとされています（報復措置の禁止、法6条3項）。一方、下請法においても、同様に報復措置を禁止する規定はあるものの（下請法4条1項7号）、報復措置の対象となる行為は「親事業者が第1号若しくは第2号に掲げる行為をしている場合若しくは第3号から前号までに掲げる行為をした場合又は親事業者について次項各号の一に該当する事実があると認められる場合」と定められており、3条書面の交付義務違反行為については、その対象には含まれていません（3条書面交付義務に違反しているとして公取委又は中企庁へ通報したことを理由に不利益な取扱いをしたとしても、直ちには下請法4条1項7号に該当しません。）。

　フリーランス法では、フリーランスが、下請法に定められる範囲よりもより広い範囲で法律違反の申告を理由とする不利益な取扱いを受けることも想定されるため、上記のように報復措置の対象が広く定められたものと考えられます。

(4)　直罰規定の有無

　下請法では、3条書面の交付義務を怠った場合の直罰規定（下請法10条1号）が定められていますが、フリーランス法では、業務委託事業者に自主的な改善を促す観点から、これに相当する規定は定められていません。

(5)　勧告の有無

　下請法では、3条書面交付義務違反は勧告の対象となりませんが（下請法7条）、フリーランス法では、3条通知明示義務違反は勧告の対象となります（法8条1項、Q3-18参照）。

3．下請法の5条書類作成・保存義務

　下請法においては下請事業者の給付、給付の受領、下請代金の支払そ

の他の事項について記載した書類又は電磁的記録の作成・保存が義務付けられていますが（5条書類の作成・保存義務（下請法5条））、フリーランス法においては、業務委託事業者に過度な負担となる規律はできる限り避けるべきであるという業務委託事業者の負担軽減の観点から、同様の規定は設けられていません。

Q3-2 ▶3条通知による明示事項

どのような事項を3条通知によって明示しなければならないのでしょうか。

A 業務委託事業者がフリーランスに対して業務委託をした場合、業務委託事業者及びフリーランスの名称、業務委託をした日、給付の内容、報酬の額、支払期日その他の事項を、書面又は電磁的方法により明示することが必要となります。

また、3条通知の明示事項は、下請法における3条書面の必要記載事項と基本的には同様であるものの、いずれかの法律のみに基づく記載事項については注意が必要です。

解説

1. 3条通知の明示事項

3条通知により明示すべき事項は、以下の①～⑧です（法3条1項、公取委規則1条1項各号）。

①業務委託事業者及びフリーランスの商号、氏名若しくは名称又は事業者別に付された番号、記号その他の符号であって業務委託事業者及びフリーランスを識別できるもの

②業務委託をした日

③給付の内容

④給付を受領又は役務の提供を受ける期日

⑤給付を受領又は役務の提供を受ける場所

⑥給付の内容について検査する場合は、検査を完了する期日

⑦報酬の額及び支払期日

⑧現金以外の方法で報酬を支払う場合の明示事項

2．明示事項の注意点

(1) 業務委託事業者及びフリーランスを識別できるもの（上記①）

業務委託事業者及びフリーランスを識別できるものとは、当事者間でトラブルにならない程度に双方を特定できるものであれば足り、登記されている名称や戸籍上の氏名である必要はなく、当事者間で双方を特定できるものであれば、ハンドルネームやペンネームでも記載可能です（Ｑ＆Ａ37）。公取委検討会において、実際の氏名を明示事項とすべきとの意見もありましたが、フリーランスに係る取引は実際の氏名を明示しない形での取引が非常に多く、実際の氏名を明示すべきではない等の意見があったため、実際の氏名まで明示することは不要とされました。

なお、このような場合でも、トラブル防止の観点から、当事者間であらかじめ互いに相手方の氏名又は登記されている名称を把握しておくことが有用と考えられます（解釈指針第2部第1の1(3)ア）。

(2) 業務委託をした日（上記②）

業務委託をした日とは、業務委託事業者とフリーランスとの間で、業務委託をすることについて合意した日をいいます。合意は、契約書による必要はなく、口頭でも構いませんが、トラブル防止の観点から、記録に残る方法によることが望まれます（Ｑ＆Ａ36）。

また、業務委託をした日とは別に、業務委託事業者とフリーランスとの間で、フリーランスが業務に着手する日を定めることがありますが、業務委託をした日はこれとは異なり、あくまでも業務委託をすることについて合意した日をいいます（同上）。契約に停止条件（民法127条1項）が付されたとしても、同様の判断となります（パブコメ2-1-22）。

(3) 給付の内容（上記③）

給付の内容とは、業務委託事業者がフリーランスに委託した業務が遂行された結果、フリーランスから提供されるべき物品、情報成果物及び役務をいいます。3条通知において、その品目、品種、数量、規格、仕様等を明確に記載する必要があります。記載の程度については、フリーランスが記載を見て、その内容を理解でき、業務委託事業者の指示に即した給付の内容を作成（又は提供）できる程度の内容であることが必要

第3章 特定受託事業者に係る取引の適正化 —— 59

です（パブコメ2-1-24）。

　また、給付に関してフリーランスの知的財産権が発生する場合に、業務委託事業者が業務委託の目的たる使用の範囲を超えて知的財産権を自らに譲渡・許諾させることを給付の内容とする場合には、業務委託事業者は3条通知の給付の内容の一部として、知的財産権の譲渡・許諾の範囲を明確に記載する必要があります（解釈指針第2部第1の1(3)ウ）。

⑷　給付を受領し又は役務の提供を受ける場所（上記⑤）

　委託内容に給付を受領する場所や役務の提供を受ける場所が明示されている場合や、場所の特定が不可能な委託内容の場合には、場所の明示は不要です（解釈指針第2部第1の1(3)オ）。

　また、電子メール等を用いて給付を受領する場合には、電子メールアドレス等を明示すれば足りるとされています（同上）。

⑸　報酬の額（上記⑦）

　報酬の額とは、フリーランスの給付に対し支払うべき代金の額をいいます。報酬の額については、3条通知に具体的な金額を明確に記載することが原則であるものの、具体的な金額を明示することが困難なやむを得ない事情がある場合には、具体的な金額の明示は不要ですが、算定方法を明示しなければなりません（公取委規則1条3項、具体的な金額のみならず、算定方法までも明示できない場合には、Q3-4参照）。

　算定方法は、報酬の額の算定根拠となる事項が確定すれば、具体的な金額が自動的に確定するものでなければならず、算定方法の明示と3条通知が別のものである場合においては、これらの相互の関連性を明らかにしておく必要があります。例えば、単価表など算定方法の記載で引用するものがある場合は、3条通知に「報酬については、別紙の単価表に基づき算定した金額に、業務に要した交通費、○○費、▲▲費の実費を加えた額となります。」などと記載しておくことが考えられます。また、報酬の具体的な金額が確定した後は、速やかにフリーランスに当該金額を明示する必要があります。

　なお、前述のように業務委託事業者が知的財産権を自らに譲渡・許諾させることを含めてフリーランスに業務委託を行う場合には、当該知的

財産権の譲渡・許諾に係る対価を報酬に加える必要があること、また、業務の遂行にフリーランスが要する費用等（例えば交通費、通信費等）を業務委託事業者自身が負担する場合には、費用等の金額を含めた総額が把握できるように報酬の額を明示する必要があることにも注意が必要です。

(6) 現金以外の方法で報酬を支払う場合の明示事項（上記⑧）

現金以外の方法で報酬を支払う場合の明示事項については、手形の交付による場合は手形の金額及び満期、債権譲渡担保方式・ファクタリング方式・併存的債務引受方式による場合は金融機関の名称、支払額及び金融機関への支払期日、電子記録債権による場合は債権の額及び支払期日、デジタル払いによる場合は資金移動業者の名称及び支払額など、支払方法ごとに明示事項が定められているため、これらの事項を明示する必要があります（解釈指針第2部第1の1(3)ク）。

(7) 下請法3条書面との相違点

3条通知の明示事項は、下請法における3条書面の必要記載事項と基本的には同様であるものの、下請法においては原材料等を有償支給する場合の記載事項（品名、数量、対価、引渡期日、決済期日及び方法。下請法3条、下請法3条書面規則1条1項8号）、フリーランス法においては、再委託の場合に支払期日の例外が適用される場合の明示事項（後記4.、法4条3項、公取委規則1条2項、6条）やデジタル払いを用いる場合の明示事項（資金移動業者の名称及び支払額。公取委規則1条1項11号）がありますので、いずれかの法律のみに基づく記載事項については注意が必要です。

3．共通事項の明示の省略

業務委託事業者は、原則として業務委託をした都度、3条通知により上記事項を明示することが必要です。もっとも、個々の業務委託に一定期間共通して適用される事項（共通事項）についてまで、その都度明示することは煩雑です。そこで、このような共通事項については、以下の2点をいずれも満たした場合には、都度明示することを省略することが

第3章　特定受託事業者に係る取引の適正化 —— 61

許容されます（公取委規則3条）。

- フリーランスに対し、前もって書面の交付又は電磁的方法による提供によって共通事項及び当該共通事項が有効である期間を示すこと
- 3条通知にあらかじめ明示した共通事項との関連性を明記すること（例えば、「報酬の支払方法、支払期日、検査完了期日は、現行の『支払方法等について』のとおり」など）

上記の有効期間は、新たな共通事項の明示が行われるまでの間とすることも許容されますが、その場合にはその旨明示する必要があります（解釈指針第2部第1の1(3)コ）。

また、業務委託事業者においては、年に1回、明示済みの共通事項の内容について、自ら確認するか、又は社内の購買・外注担当者に周知徹底を図ることが望ましいとされています（同上）。

4．再委託を行う場合に明示をすることができる事項

再委託の場合における支払期日の例外（再委託の例外）を適用する場合（Q3-7）には、取引条件を明示する際に、通常明示すべき事項に加えて、①再委託である旨、②元委託者の商号、氏名若しくは名称又は事業者別に付された番号、記号その他の符号であって元委託者を識別できるもの、③元委託業務の対価の支払期日を明示する必要があります（法4条3項、公取委規則1条2項及び6条）。

再委託の例外を用いて支払期日を一定期間延ばすのか、それとも支払期日の原則どおり支払うのかは、業務委託事業者の自由ですが、3条通知において上記の①～③の事項をフリーランスに対し明示した場合にのみ、再委託の例外の適用を受けることが可能です。例えば、営業秘密等の保護の観点から、元委託者に関する事項を明示することを望まない場合には、上記①～③の事項を明示せずに再委託の例外を用いないことも許容されます（Q&A54、パブコメ2-2-18）。

Q3-3 ▶ 取引条件明示の時期及び方法

業務委託事業者は、いつ、どのような方法で3条通知により取引条件を明示する必要がありますか。

A 業務委託事業者は、フリーランスに対して業務委託をした場合、フリーランスに対し、書面又は電磁的方法により直ちに取引条件を明示しなければなりません。

書面又は電磁的方法のいずれによるかは業務委託事業者が選択可能であり、また電磁的方法によった場合であったとしても、下請法とは異なり、事前にフリーランスから承諾を得る必要はありません。ただし、電磁的方法によった場合、フリーランスから書面の交付を求められたときは、原則として遅滞なく書面を交付しなければなりません。

解説

1. 明示する時期

業務委託事業者は、フリーランスに対し「業務委託をした場合」、直ちに取引条件を明示する必要があります（法3条1項、業務委託時に内容が定められない事項がある場合につき、Q3-4参照）。「業務委託をした場合」とは、業務委託事業者とフリーランスとの間で、業務委託をすることについて合意した場合をいい、下請法にいう「製造委託等をした場合」（下請法3条1項）と同様に解されています。「直ちに」とは、すぐにという意味で、一切の遅れを許さないことをいいます。3条通知によらない発注（典型的には口頭での発注）を行うこともフリーランス法で許容されますが、その場合、口頭発注後すぐに3条通知を行う必要があります。

業務委託事業者とフリーランスとの間で一定期間にわたって同種の業務委託を複数行う場合においては、個々の業務委託ごとに同様の内容を取り決める手間を省く観点から、あらかじめ個々の業務委託に一定期間共通して適用される事項（共通事項）を取り決めることがあります。こ

第3章 特定受託事業者に係る取引の適正化 —— 63

の場合における「業務委託をした場合」とは、当該共通事項を取り決めた場合ではなく、後に個々の業務委託をすることについて合意した場合をいいます。したがって、一定期間にわたって同種の業務委託を複数行う場合においては、個々に業務委託をすることについて合意した時点において取引条件の明示が必要となります。

2．明示する方法

(1)　書面又は電磁的方法での明示

　業務委託事業者は、フリーランスに対して3条通知により取引条件を明示する場合、書面又は電磁的方法により行わなければなりません（法3条1項、公取委規則1条5項及び2条）。

　3条通知を書面により行う場合には、3条通知として業務委託契約書を用いることも許容されるところ、フリーランスガイドライン別添資料で示されている契約書のひな型及び使用例が参考になります。

　書面又は電磁的方法のどちらの方法とするかは業務委託事業者が選択できますが、電磁的方法で明示した場合であっても、フリーランスから書面の交付を求められたときは当該業務委託に係る報酬を支払うまでは遅滞なく書面を交付する必要があります（法3条2項、公取委厚労省逐条解説66頁）。もっとも、以下の①～③のいずれかの場合には、フリーランスの保護に支障を生ずることがないとして書面の交付を求められたとしても、書面を交付しないことが許容されます（法3条2項ただし書、公取委規則5条2項1号～3号）。

①フリーランスから書面ではなく電磁的方法による提供の求めがあり、当該求めに応じて電磁的方法で明示をした場合

②業務委託事業者によって作成された定型約款が存在し、定型約款を内容とする業務委託がインターネットのみを利用する方法により締結された契約に係るものであり、かつ、当該定型約款がインターネットを利用してフリーランスが閲覧することができる状態に置かれている場合

③既に書面の交付をしている場合

64

なお、電子メール等により送信する方法により明示された後に、フリーランスの帰責事由がないのに明示事項を閲覧することができなくなったときは、フリーランスの保護に支障を生ずることがない場合とは認められませんので、書面を交付する必要があります（公取委規則5条2項柱書）。他方、明示事項を閲覧できなくなった理由がフリーランスが自ら当該サービスのアカウントを削除したことによる場合には、業務委託事業者はフリーランスからの書面交付請求に応じなくとも問題ありません（解釈指針第2部第1の1(6)イ）。

(2)　「電磁的方法」

　「電磁的方法」とは、電子メール、SMS、SNSのメッセージ、チャットツールのほか、ファックス、USBメモリ、CD-R等を含みますが、これらの方法により取引条件を明示する場合には、送信者が受信者を特定して送信できるものに限定されます（解釈指針第2部第1の1(5)イ(ア)）。したがって、インターネット上に開設しているブログやウェブページ等への書き込みは電磁的方法による明示とは認められません（同上）。

　なお、ファックスについては、受信と同時に書面により出力されるファクシミリへ送信する場合は「書面」の交付に該当しますが、受信データの記録機能を有するファクシミリへ送信する場合は「電磁的方法」による提供に該当します（解釈指針第2部第1の1(5)ア・イ(ア)④）。

(3)　フリーランス法及び下請法の両法が適用される業務委託

　業務委託事業者が、フリーランス法及び下請法の両法が適用される業務委託を行う場合（例えば、下請法上の資本金要件を満たす親事業者及び下請事業者間の取引であって、かつ、従業員を使用しない個人又は従業員の使用・役員のない法人事業者に対して業務委託を行う場合）には、業務委託事業者は、フリーランスに対して、同一の書面や電子メール等において、両法が定める記載事項を併せて一括で示すことが可能とされています（Q&A32、パブコメ2-1-1）。

　もっとも、この場合には、当然ながらフリーランス法と下請法のいずれかのみに基づく記載事項があるときはその事項も記載する必要があります。そして明示が電磁的方法による場合には、下請法による規制、すな

第3章　特定受託事業者に係る取引の適正化 —— 65

わち、事前に下請事業者から書面又は電磁的方法により承諾を得る必要
があること（下請法3条2項）や、下請事業者が電磁的記録を出力して書
面を作成できる方法による必要があります（下請法3条書面規則2条2項）。

Q3-4 ▶ 業務委託時に内容が定められない事項がある場合

取引条件の一部につき、業務委託をした時点で定めることができない事項があるのですが、当該事項につき明示しないことが許容されますか。許容される場合には、どのような対応が必要でしょうか。

A　業務委託の性質上、業務委託をした時点で決定することができないと客観的に認められる理由がある事項（未定事項）については、「その内容が定められないことにつき正当な理由があるもの」（法3条1項ただし書）として、明示をしないことも許容されます。

　未定事項を明示しなかった場合には、未定事項の内容が定められない理由及び未定事項の内容を定める予定期日を明示した後（当初の明示）、フリーランスと十分な協議をした上で速やかに未定事項を定め、その後直ちに、当初の明示との関連性を明らかにした上で未定事項を明示する必要があります（補充の明示）。

解説　1．業務委託時に明示しないことが許容される事項

　業務委託事業者は、業務委託をした場合は、原則として直ちに取引条件をフリーランスに明示しなければいけませんが、取引条件のうち「その内容が定められないことにつき正当な理由があるもの」については、直ちに明示する必要はなく、当該事項の内容が定められた後直ちに明示することが許容されています（法3条1項ただし書）。下請法にも同様の規定があります（下請法3条1項ただし書）。

　「その内容が定められないことにつき正当な理由がある」とは、下請法3条1項にいう「その内容が定められないことにつき正当な理由がある」場合と同様、業務委託の性質上、業務委託をした時点では当該事項の内容について決定することができないと客観的に認められる理由がある場合をいいます（解釈指針第2部第1の1⑶ケ㋐）。例えば、ソフトウェア

第3章　特定受託事業者に係る取引の適正化 —— 67

作成委託において、委託した時点では最終ユーザーが求める仕様が確定しておらず、フリーランスに対する正確な委託内容を決定することができないため「給付の内容」を定められない場合や、放送番組の作成委託において、タイトル、放送時間、コンセプトについては決まっているものの、委託した時点では放送番組の具体的な内容については決定できず、「報酬の額」が定まっていない場合などがこれに当たります（Q&A39）。

これに対し、業務委託事業者が、業務委託をした時点で明示事項の内容について決定できるにもかかわらず、これを決定しない場合には、「正当な理由がある」とは認められません。

2. 未定事項がある場合の対応

業務委託をした時点で決定することができないと客観的に認められる理由がある事項（未定事項）がある場合の対応は、以下のとおり下請法と同様です（解釈指針第2部第1の1(3)ケ(イ)、下請法運用基準第3の2参照）。

3条通知により明示する時点で未定事項がある場合、業務委託事業者は、未定事項以外の事項に加えて、未定事項の内容が定められない理由及び未定事項の内容を定めることとなる予定期日を明示しなければなりません（当初の明示、公取委規則1条4項）。この場合、未定事項の内容が定められない理由については、下請法と同様、例えば「ユーザーの詳細仕様が未確定であるため」といった簡潔な記載で足りるものと考えられます（下請法講習会テキスト30頁）。

さらに、業務委託事業者は未定事項についてフリーランスと十分な協議をした上で速やかに定めなくてはならず、定めた後は、直ちにフリーランスに当該未定事項を明示する必要があります（補充の明示）。補充の明示を行う際には、「この書面（通知）は、〇年〇月〇日付け発注書の記載事項を補充するものです。」などと付け加えることにより、当初の明示と補充の明示について相互の関連性が明らかになるようにすることが必要になりますので（公取委規則4条）、この点も注意が必要です。

明示事項のうち、その内容が定められないことに正当な理由があるもの（未定事項）については委託時に明示する必要はありません。未定事項がある場合、その内容が定められない理由と、未定事項の内容が決まる予定日を委託時に明示（当初の明示）する必要があります。
また、未定事項が決まったら、直ちに明示（補充の明示）する必要があります。その際、当初の明示との関連性が分かるようにする必要があります。

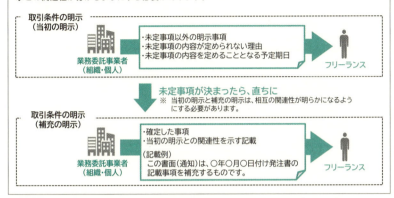

〔4省庁（内閣官房、公取委、中企庁、厚労省）パンフレットより〕

第2節　報酬の支払期日等（法4条）

Q3-5 ▶ 報酬支払期日の設定

報酬の支払期日を定める義務が設けられた趣旨や、支払期日の原則について教えてください。

A 　特定業務委託事業者がフリーランスに対して報酬の支払期日を不当に遅く設定するという事態を防止し、フリーランスが安定して経営を行えるようにするため、支払期日の定めが設けられています。

報酬の支払期日は、フリーランスからの給付受領日から起算して60日以内のできる限り短い期間内で定めなければなりません。報酬の支払期日を定めなかったときは給付受領日が、60日を超えて支払期日を定めたときは給付受領日から起算して60日を経過する日が、それぞれ報酬の支払期日とみなされます。

解説

1．報酬の支払期日を定める義務が設けられた趣旨

発注事業者のフリーランスに対する報酬の支払いに関する相談が多く寄せられていることを踏まえ、発注事業者が報酬の支払期日を不当に遅く設定するという事態を防止し、フリーランスの利益を保護するため、報酬の支払期日の定めが設けられています（法4条1項、Q&A43）。

また、支払期日が設定されなければ支払遅延となる時点が明らかではなく、支払期日を設定しないことで発注事業者が意図して支払遅延という状態を作り出さないことができるようになることも懸念されるため、これを防止するための支払期日のみなし規定が設けられています（法4条2項）。

●70

なお、法4条の規制に服するのは、「業務委託事業者」ではなく、「特定業務委託事業者」ですが、法5条の遵守事項と異なり、1か月未満の業務委託にも適用される点に注意する必要があります。

2. 支払期日の原則

(1) 報酬の定義

「報酬」(法2条7項)とは、業務委託事業者が業務委託をした場合にフリーランスの給付(役務提供委託にあっては役務の提供)に対し支払うべき代金をいい、消費税や地方消費税も「報酬」に含まれます(解釈指針第1部の5)。下請法の「下請代金」(下請法2条10項)に相当するものです。

なお、法2条7項には、役務提供委託の場合には「給付」を「役務の提供」と読み替える旨の括弧書が設けられています。このような括弧書が設けられた理由については、フリーランス法においては、下請法と異なり、発注事業者の顧客のみならず発注事業者自身に対しても役務提供が行われることがあるものの、下請法と同様、当該顧客との関係で「給付」という文言がそぐわない旨解説されています(公取委厚労省逐条解説44頁)。

(2) 原則

支払期日の考え方については、再委託の例外の点を除き、下請法と同様です(なお、支払期日の設定義務違反は、指導又は助言の対象とはなりますが、勧告の対象とはなりません。勧告の対象となるのは、支払遅延(法4条5項)をした場合です。)。フリーランス法上、報酬の支払期日は、特定業務委託事業者が給付の内容について検査を行うか否かにかかわらず、特定業務委託事業者がフリーランスの給付を受領した日(役務提供委託においては役務の提供を受けた日)から起算して60日(給付を受領した日も算入します。)の期間内において、かつ、できる限り短い期間内において、定められなければなりません(法4条1項)。「支払期日」は特定の日でなければならないとされているので注意が必要です。例えば、「○月○日」や「毎月末日納品締切、翌月○日支払」との設定は認め

第3章　特定受託事業者に係る取引の適正化 —— 71

られますが、これに対し「○月○日まで」や「納品後○日以内」との設定は認められません。

報酬の支払期日が定められなかったときは、特定業務委託事業者がフリーランスの給付を受領した日が、給付の受領日から起算して60日を超えて報酬の支払期日が定められたときは、特定業務委託事業者がフリーランスの給付を受領した日から起算して60日を経過する日が、それぞれ報酬の支払期日とみなされます（同条2項）。

また、フリーランス法では、下請法と異なり、再委託の例外が許容されています（同条3項）。具体的には、再委託の例外が適用される場合には、上記の「給付受領日から起算して60日」を「元委託支払期日から起算して30日」と読み替えることとなります。詳細は、Q3-7をご覧ください。

上記をまとめますと、以下の①～③となります。

〈支払期日の原則〉

①給付受領日から起算して60日（※）以内に支払期日を定めたときは、定められた支払期日

②支払期日を定めなかったときは、給付受領日

③給付受領日から起算して60日（※）を超えて支払期日を定めたときは、給付受領日から起算して60日（※）を経過した日の前日

※再委託の例外が適用される場合には、「給付受領日から起算して60日」を「元委託支払期日から起算して30日」と読み替える。

---

(3) 締切制度を採用している場合

締切制度（月末締切の翌月末日支払など）を採用した場合、月によっては報酬の支払が給付受領日から61日目や62日目となることがありますが、下請法同様、「60日」については「2か月」と読み替える運用が行われます（Q&A47、公取委厚労省逐条解説83頁）。

したがって、受領後2か月以内である限り、支払遅延（法4条5項）として問題とはなりません。

⑷ 支払期日が金融機関の休業日に当たる場合

下請法と同様、特定業務委託事業者とフリーランスとの間で支払日を金融機関の翌営業日に順延することについては、以下の①又は②の場合には許容されます（解釈指針第2部第2の1⑸）。

①特定業務委託事業者とフリーランスとの間で支払日を金融機関の翌営業日に順延することについてあらかじめ書面又は電磁的方法で合意している場合であって、順延期間が2日以内である場合

②特定業務委託事業者とフリーランスとの間で支払日を金融機関の翌営業日に順延することについてあらかじめ書面又は電磁的方法で合意している場合であって、順延後の支払期日が給付受領日から起算して60日以内である場合

上記①の場合、結果として給付受領日から起算して60日（再委託の例外が適用される場合には、元委託支払期日から起算して30日）を超えて報酬が支払われてもフリーランス法上問題ありません。また、上記②の場合、順延期間が2日を超えてもフリーランス法上問題ありません。

また、上記のとおり、再委託の例外が適用される場合には、上記②の場合の「給付受領日から起算して60日」を「元委託支払期日から起算して30日」と読み替えることとなります。

3．「給付を受領した日」の解釈
⑴ 物品の製造を委託した場合

「給付を受領した日」とは、フリーランスの給付の目的物たる物品の内容について検査をするかを問わず、特定業務委託事業者がフリーランスの給付の目的物たる物品を受け取り、自己の占有下に置いた日をいいます。

特定業務委託事業者の検査員がフリーランスの事務所等に出張し検査を行うような場合には、当該検査員が検査を開始すれば「受領した」ことになり、検査開始日をもって給付受領日になるとされます（解釈指針第2部第2の1⑴ア）。

第3章　特定受託事業者に係る取引の適正化 ── 73

(2) 情報成果物の作成を委託した場合

情報成果物の作成を委託した場合における「給付を受領した日」とは、USBメモリやCD-R等の情報成果物を記録した電磁的記録媒体がある場合には、特定業務委託事業者が、当該電磁的記録媒体を受け取り、自己の占有下に置いた日をいいます。また、電磁的記録媒体を用いないときであっても、例えば、電気通信回線を通じて発注事業者の用いる電子計算機内に記録されたときも、「給付を受領した日」となります。

特定業務委託事業者が作成の過程で、作成内容の確認や今後の作業の指示等を行うため、情報成果物を一時的に自己の支配下に置く場合があります。自己の支配下に置いた時点では当該情報成果物が給付としての水準に達しているか明らかではない場合において、あらかじめ特定業務委託事業者とフリーランスとの間で、特定業務委託事業者が給付としての水準を満たしていることを確認した時点で給付を受領したこととする旨合意したときは、特定業務委託事業者が当該情報成果物を自己の支配下に置いたとしても、直ちに給付を「受領」したものとして取り扱われず、上記時点が受領日となり支払期日の起算日となります。ただし、3条通知に明記された納期において当該情報成果物が特定業務委託事業者の支配下にあればこのような合意をしたとしても、内容の確認が完了したかどうかにかかわらず、当該納期に受領したものとして当該納期が支払期日の起算日とされます（解釈指針第2部第2の1(1)イ）。なお、Q3-6のとおり、当該情報成果物が契約に適合しない場合には、「給付を受領」したこととはなりません。

(3) 役務の提供を委託した場合

ア　原則　　役務提供委託においては、給付の受領という概念がなく、「役務の提供を受けた日」が、支払期日の起算日とされています（法4条1項括弧書）。「役務の提供を受けた日」は、原則としてフリーランスが提供する個々の役務の提供を受けた日とされています（解釈指針第2部第2の1(1)ウ）。

例えば、特定業務委託事業者がフリーランスに、4月1日に東京で、4月15日に大阪で、5月1日に名古屋で、5月30日に福岡で開催される各公

●74

演での実演をまとめて委託した場合（個々の役務の提供を委託した場合）、4月1日の東京での公演への出演に係る報酬は、4月1日から60日以内のできる限り短い期間内の特定の日を支払期日として定める必要があり、4月15日の大阪公演、5月1日の名古屋公演に係る報酬も同様です。そのため、全公演分の報酬の支払期日を公演の最後の日である5月30日から60日以内の日として定めることにより、各公演日から60日を超える日を各公演に係る報酬の支払期日とする場合には、フリーランス法上問題となります（Q&A46）。

　イ　役務の提供に日数を要する場合　　役務の提供に日数を要する場合は、一連の役務の提供が終了した日が「役務の提供を受けた日」となります（解釈指針第2部第2の1(1)ウ）。

　例えば、A地点からB地点までの運送に数日間かかり、5月30日にB地点に到達した場合には、B地点に到達した5月30日が支払期日の起算日になります。

　ウ　連続提供役務の場合　　個々の役務が連続して提供される場合（例えば、設備の点検業務、清掃業務など）において、以下の①～③の全てを満たしたときは、例外的に月単位で設定された締切対象期間の末日（個々の役務が連続して提供される期間が1か月未満の場合には、当該期間の末日）から起算して60日以内に報酬を支払うことも許容されます（解釈指針第2部第2の1(1)ウ）。

　①連続して提供される役務が同種のものであること

　②特定業務委託事業者とフリーランスとの間で、報酬の支払は、月単位で設定される締切対象期間の末日までに提供した役務に対して行われることがあらかじめ合意されていること

　③3条通知において、上記合意の内容及び報酬の額（具体的な金額を記載することが困難なやむを得ない事情がある場合にあっては、報酬額に代えて、報酬の具体的な金額を定める算定方式）が明記されていること

　エ　成功報酬型役務の場合　　フリーランスに対し、営業等の役務に関し、一定の成果を上げることのほかに、当該成果を上げるために必要

第3章　特定受託事業者に係る取引の適正化 ── 75

となる業務を実施することも含めて包括的に委託した上で、フリーランスが一定の成果を上げた場合にのみ報酬を支払うこととする場合があります。このような成功報酬型の役務提供委託については、フリーランスに対し支払うべき報酬が発生するのはその成果が上がった日であるため、その成果が上がった日が「役務の提供を受けた日」であるとして、その成果が上がった日を支払期日の起算日とすることも可能です（パブコメ2-2-8~2-2-10)。

Q3-6 ▶ 支払期日までに報酬を支払わないことが許容される場合

支払期日までに報酬を支払わなくとも許容される場合はあるのでしょうか。

A　フリーランスの給付に債務不履行がある場合には、フリーランスが債務の本旨に従った給付を履行するまでは、下請法同様、報酬を支払わないことが許容されます。また、フリーランスの責めに帰すべき事由により報酬を支払うことができなかった場合には、当該事由が客観的に消滅した日から起算して60日（再委託の例外が適用される場合には30日）を超えない限りであれば、報酬を支払わないことが許容されます。

解説

1．フリーランスの給付に債務不履行がある場合

フリーランスの給付が契約に適合しない場合には、そもそも「給付を受領した」といえませんので、仮に支払期日が経過したとしても、債務の本旨に従った給付を履行するまで報酬の支払を行わないことは、支払遅延（法4条5項本文）に該当しないと考えられます。給付が契約に適合しないことを理由に報酬の支払前にやり直しをさせる場合には、やり直しをさせた後の物品又は情報成果物を受領した日（役務の提供委託の場合には、フリーランスが役務を提供した日）が支払期日の起算日とされていることがその根拠となります（解釈指針第2部第2の1(1)エ）。

2．フリーランスの責めに帰すべき事由により報酬を支払うことができなかったとき

下請法では、「下請事業者の責に帰すべき理由」の有無にかかわらず支払遅延は禁止されています（下請法4条1項2号）が、これに対しフリーランス法では、特定業務委託事業者が支払期日までに報酬を「特定受託

第3章　特定受託事業者に係る取引の適正化 —— 77

事業者の責めに帰すべき事由により支払うことができなかったとき」は、当該事由が消滅した日から起算して60日（再委託の例外が適用される場合には30日）を超えない範囲であれば、特定業務委託事業者が報酬を支払わないことが許容されます（法4条5項ただし書）。

　「特定受託事業者の責めに帰すべき事由」とは、例えば、特定業務委託事業者が支払期日までに報酬の払込みを実施していたにもかかわらず、フリーランスが誤った口座番号を特定業務委託事業者に伝えていたため、フリーランスが実際には報酬を受け取ることができなかったときなどが該当し、フリーランスが請求書を提出しないときはこれに該当しません（解釈指針第2部第2の1(3)ア、Q＆A57）。また、この場合における当該事由が消滅した日とは、フリーランスが正しい口座番号を伝えるなどの方法により、報酬を支払うことができなかった客観的事情が消滅した日を指します（解釈指針第2部第2の1(3)イ）。

　このように、フリーランス法では下請法とは異なり、条文上報酬支払期日の定めにおいてフリーランスの帰責事由を考慮した規定となっています。もっとも、下請法においても、下請事業者から誤った口座番号が伝えられた場合までも支払遅延に該当するとするのは妥当ではないとして、かかる場合が解釈上許容される余地もあると考えられます。

3．報酬支払期日の定めの民事上の効果

　フリーランス法の担当官解説によれば、報酬支払期日の定めは行政機関による執行との関係で定められたものとみなされるだけで、契約当事者間の合意内容を変更させる等の民事上の効果まで生ずるものではないとされていますが（松井佑介ほか「特定受託事業者に係る取引の適正化等に関する法律の概要」NBL1246号39頁（2023年））、特定業務委託事業者としては行政機関による執行リスクを踏まえ、フリーランスとの契約では支払期日の原則に十分留意して対応する必要があるといえます。

4．遅延利息支払義務の有無

　下請法では、親事業者が支払期日までに下請代金を支払わなかった場

合、親事業者は下請事業者に対し、給付受領日から60日を経過した日から実際に支払をする日までの期間について、年14.6％の遅延利息を支払う義務があります（下請法4条の2、下請代金支払遅延等防止法第4条の2の規定による遅延利息の率を定める規則）。

　これに対して、フリーランス法における特定業務委託事業者には下請法のような資本金要件もなく、小規模な事業者も含まれていることから、フリーランス法では、下請法のように高額な遅延利息を積極的に課す立法事実に乏しいとして、遅延利息支払義務は定められていません（公取委厚労省逐条解説236頁）。

Q3-7 ▶ 再委託の例外

再委託の場合、報酬の支払期日は異なりますか。また、元委託者から前払金の支払を受けた場合、どのように対応すればよいでしょうか。

A 特定業務委託事業者は、原則としてフリーランスから給付を受領した日から起算して60日以内のできる限り短い期間内で支払期日を定めなければなりませんが、再委託の場合においては、3条通知の際に一定の事項を追加で明示したときは、元委託支払期日から起算して30日以内のできる限り短い期間内で支払期日を定めることが例外的に許容されます。

また、特定業務委託事業者が元委託者から前払金の支払を受けた場合には、フリーランスに対して、資材の調達などフリーランスが業務に着手するに当たり必要な費用を前払金として支払うよう、適切な配慮をする必要があります。

解説　1. 再委託の該当性

フリーランス法における「再委託」とは、特定業務委託事業者が元委託者から受託した業務の全部又は一部をフリーランスへ委託することをいいます（解釈指針第2部第1の1(4)ア）。

特定業務委託事業者が元委託者から受託した元委託業務とフリーランスに委託した業務との間に、業務の関連性及び対価の関連性が認められる場合、「再委託」に当たります（Q&A49）。「業務の関連性」及び「対価の関連性」は以下のとおりです。

〈「再委託」をした場合〉
「業務の関連性」及び「対価の関連性」が認められる場合には、「再委託」に該当

> 業務の関連性：特定業務委託事業者がフリーランスに委託した業務が元
> 　　　　　　委託業務に含まれる場合
> 対価の関連性：特定業務委託事業者からフリーランスに支払われる報酬
> 　　　　　　が、元委託者から特定業務委託事業者に対して支払われ
> 　　　　　　る元委託業務に係る報酬に関連して定められている場合

　再委託の該当性は、業務ごとに判断されます。具体的には、特定業務委託事業者が同一のフリーランスに委託している業務が複数ある場合は、それぞれの業務について、特定業務委託事業者が一つの元委託業務を切り分けて複数のフリーランスに委託する場合は、それぞれのフリーランスに委託されている業務について、再委託の該当性（業務の関連性及び対価の関連性）が判断されます（Q&A49）。元委託業務とフリーランスに委託する業務の種類が異なっていること（例えば、他の事業者から情報成果物の作成を受託した特定業務委託事業者が、情報成果物の作成に必要な役務の提供をフリーランスに再委託する場合など）は、再委託に該当しない理由にはなりません（Q&A52）。

　再委託に該当する場合の具体例は、以下のとおりです（Q&A53）。

> ・荷主企業から配送業務を受託した配送業者が荷物の配送をフリーランスの運送業者に委託する場合（元委託業務の全部を再委託する場合）
> ・顧客企業から社内用システムの構築を受託したシステム開発会社がシステムを構成するプログラムの作成をフリーランスのプログラマーに委託する場合（元委託業務の一部を再委託する場合）
> ・テレビ局から放送コンテンツの作成を受託した番組制作会社が、楽曲の制作、番組への出演、撮影等の業務をそれぞれ作曲家、俳優、カメラマン等のフリーランスに委託する場合（元委託業務と種類の異なる業務を再委託する場合）

第3章　特定受託事業者に係る取引の適正化 ── 81

2．再委託の場合における支払期日の例外
(1) 再委託の例外が認められる趣旨
　フリーランス法における特定業務委託事業者には、下請法における親事業者とは異なり、小規模な事業者や従業員を使用する個人事業主も含まれています。したがって、特定業務委託事業者に一律60日以内の報酬の支払を義務付けた場合には、特定業務委託事業者の資金繰りの悪化やフリーランスへの発注控えなどにつながり、かえってフリーランスの受注機会を損なうことにもなりかねません。
　このような事態を防止するため、フリーランス法では下請法とは異なり、再委託の場合に支払期日の一定程度の延長（再委託の例外）が許容されています（公取委厚労省逐条解説75頁）。

〔資料出所：4省庁（内閣官房、公取委、中企庁、厚労省）パンフレットより〕

(2) 再委託の例外の内容等
　ア　再委託の例外が適用される場合の支払期日　　元委託者から業務委託を受けた特定業務委託事業者が、当該業務委託に係る業務の全部又は一部をフリーランスに再委託をし、かつ、3条通知の際に後記イ〈再委託の例外が適用される場合の明示事項〉を併せて明示する場合には、フリーランスへの報酬の支払期日を元委託支払期日から起算して30日以内（元委託支払期日も算入します。）のできる限り短い期間内において定めることが許容されます（法4条3項、公取委規則1条2項及び6条）。
　もっとも、報酬の支払期日が定められなかったときは、元委託支払期日が、元委託支払期日から起算して30日を超えて支払期日が定められたときは、元委託支払期日から起算して30日を経過する日が、それぞれ報酬の支払期日と定められたものとみなされます（法4条4項）。

> 〈再委託の例外が適用される場合の支払期日〉
> ①元委託支払期日から30日以内に支払期日を定めたとき
>   → 定められた支払期日
> ②支払期日を定めなかったとき
>   → 元委託支払期日
> ③元委託支払期日から30日を超えて支払期日を定めたとき
>   → 元委託支払期日から30日を経過した日の前日

　また、再委託の例外は、再委託である場合に必ず適用されるものではなく、また、適用しなければならないものでもありません。したがって、特定業務委託事業者は、後記イ〈再委託の例外が適用される場合の明示事項〉を明示せずに、支払期日の原則どおり、フリーランスからの給付受領日から60日以内のできる限り短い期間内で報酬の支払期日を定めることもできます（Q&A54、パブコメ2-2-18）。前記のとおり、再委託の例外が許容されるためには、3条通知において後記の事項を明示することが必要となりますので、その点について注意が必要です。

　イ　再委託の例外を用いる場合に必要な明示事項　　再委託の例外を用いる場合には、以下の事項を3条通知の際に明示する必要があります。

> 〈再委託の例外が適用される場合の明示事項〉
> ①再委託である旨
> ②元委託者の商号、氏名若しくは名称又は事業者別に付された番号、記号その他の符号であって元委託者を識別できるもの
> ③元委託業務の対価の支払期日

　ウ　元委託者が特定業務委託事業者に対し支払期日よりも早く元委託業務の対価を支払った場合　　元委託者が特定業務委託事業者に対して、元委託支払期日として定めていた期日よりも早く元委託業務の対価を支払った場合であっても、実際に元委託者から支払われた日ではなく、元委託者と特定業務委託事業者との間で定められた支払の予定期日を起算日として考えるため、特定業務委託事業者はフリーランスとの間で定め

第3章　特定受託事業者に係る取引の適正化 ── 83

た支払期日までに報酬を支払えば問題ありません（解釈指針第2部第2の1(2)イ(ア)、Q＆A51）。例えば、元委託支払期日が6月25日であり、フリーランスに対する報酬の支払期日が7月15日である場合には、元委託業務の対価が6月15日に支払われたとしても、特定業務委託事業者は、従前設定していた支払期日である7月15日までにフリーランスに報酬を支払えば問題ありません（Q＆A55）。一方で、元委託者から特定業務委託事業者への報酬の支払が元委託支払期日（6月25日）より遅れたとしても、特定業務委託事業者がフリーランスへの報酬の支払期日（7月15日）を遅らせることはできません（4省庁（内閣官房、公取委、中企庁、厚労省）パンフレット13頁）。

エ　**元委託支払期日から起算して30日の期間が法4条1項に定められる期間よりも前に経過した場合**　元委託支払期日から起算して30日の期間が、法4条1項に定められる期間（Q3-5参照）、すなわちフリーランスから給付を受領した日から起算して60日より前に経過するとしても、上記のような再委託の例外の趣旨に鑑み、特定業務委託事業者からフリーランスに対する報酬の支払期日は、法4条1項に定める期間内において定めれば足りるとされています（解釈指針第2部第2の1(2)イ(ア)、パブコメ2-2-19）。

　したがって、例えば、元委託支払期日から起算して30日の期間の終期が7月15日である場合に、フリーランスから給付を受領した日から起算して60日以内の期間が7月15日より後に終期を迎える場合には、かかる60日以内の期間において報酬の支払期日を定めれば問題ありません。

オ　**元委託者から特定業務委託事業者に対して分割して元委託業務の対価が支払われる場合**　元委託者から特定業務委託事業者に対して分割して元委託業務の対価が支払われる場合（例えば、特定業務委託事業者が元委託業務に係る給付を行っている途中と、給付を全て行った後とに分割して対価が支払われるとき）には、各期日から30日以内ではなく、元委託業務の対価の最終支払日から30日以内にフリーランスに対し報酬を支払えば足ります。

　もっとも、特定業務委託事業者において、元委託業務の対価が分割で

●84

支払われる各期日から30日以内にフリーランスに対して報酬を支払うことに特段の支障がない場合には、分割で支払われる各期日から30日以内にフリーランスに対して報酬を支払うことが望まれるとされています（Q&A56）。

3．仲介事業者が存在する場合における支払期日

　元委託者が、再委託の例外の規定を利用して、事業者としての実態のない仲介事業者を介在させることにより支払期日を不当に延長する可能性も考えられます（仲介事業者につきQ2-4参照）。

　実質的にフリーランスに業務委託をしているといえる別の事業者が存在する場合（解釈指針第1部3）であるとして、元委託者が特定業務委託事業者に該当すると判断された場合には、再委託の例外の規定は適用されないこととなります。すなわち、元委託者が法4条1項（支払期日の原則）に違反して報酬の支払期日を定めたときは、同条2項により、フリーランスから給付を受領した日から60日を経過する日が支払期日として定められたものとみなされ、同日までに報酬を支払わない場合には同条5項違反としてフリーランス法上問題となります（パブコメ2-2-24, 2-2-25）。

4．元委託者から前払金の支払を受けた時の適切な配慮

　業務委託を受けた事業者は、業務の着手に当たって費用を要する場合、前払金の支払を受けられなければ、報酬が支払われるまでの間これらの費用を自ら負担する必要があります。特にフリーランス法では、再委託の例外による支払期日が定められた場合、法4条1項に定める期日よりも遅く支払期日を定めることが可能となり、フリーランスはより長期にわたってこれらの費用を負担する可能性があります。一方、特定業務委託事業者がフリーランスに対し、業務の着手に当たって要した費用を必ず前払金として支払うこととすると、特定業務委託事業者にとって過度な負担となる可能性もあります。

　そこで、法4条6項では、特定業務委託事業者が元委託者から前払金の

第3章　特定受託事業者に係る取引の適正化 ── 85

支払を受けた場合に限り、フリーランスが再委託を受けた業務の着手に必要な費用の範囲で、フリーランスに前払金として支払うよう適切な配慮をしなければならない旨定められています。

　「前払金」とは、業務委託の対価の支払期日より前に支払われる金銭のうち、業務委託の相手方事業者が当該業務の遂行に必要な費用として支払われるものをいいます（解釈指針第2部第2の1(4)ア）。

　適切な配慮の内容としては、例えば、業務委託の着手に当たり、特定業務委託事業者は費用を要せず、フリーランスのみが費用を要する場合には、フリーランスに対して元委託者から支払を受けた前払金の全部を支払うことが望ましいとされます（解釈指針第2の1(4)エ(イ)）。また、特定業務委託事業者自身が相当の費用を負担する場合であっても、フリーランスが負担する費用の額等を踏まえ、フリーランスに過度な負担を課すこととならないようフリーランスとの間で十分に協議し、前払金の支払額を定めるといった配慮が必要になります（同上）。なお、前払金の支払配慮義務違反は、指導及び助言（法22条）の対象とはなるものの、勧告（法8条）の対象とはされていません（Q3-18参照）。

86

第3節 特定業務委託事業者の遵守事項（法5条）

Q3-8 ▶ 遵守事項（禁止行為）を定めた目的は何か

法5条が遵守事項を定めた目的、遵守事項の対象者が特定業務委託事業者に限定された理由は何ですか。また、独禁法が禁止する優越的地位の濫用、下請法が定める親事業者の遵守事項などと比べた場合、本条の特徴はどのようなことに認められますか。

A 特定業務委託事業者とフリーランスとの間では、業務委託の契約期間が長くなればなるほど経済的依存関係を生じ、フリーランスが特定業務委託事業者から経済上の不利益な取扱いを受けやすい傾向があると考えられており（参院本会議令和5年4月21日・後藤茂之国務大臣など）、そのような実態を踏まえて、フリーランスの保護を図る必要があることなどから、「政令で定める期間以上の期間」で行われる業務委託を対象として、特定業務委託事業者による一定の行為が禁止されています。

解説 法5条は七つの遵守事項を定めていますが、本法の立法過程において、本法案は「フリーランスに係る取引の適正化等を図るもの」ですが、「事業者間取引における契約自由の原則の観点から、事業者間取引に対する行政の介入は最小限にとどめるべきであることに加え、発注事業者に過度な義務を課した場合には、フリーランスへの発注控えにつながりかねないことにも留意が必要」であるため、「発注事業者の負担とフリーランスに係る取引適正化等の両面でバランスを取りながら、必要な規制を盛り込んで」、受領拒否の禁止など「事業者間取引において当然」と考えられる内容を規定したという政府答弁があり

第3章 特定受託事業者に係る取引の適正化 —— 87

ました（参院本会議令和5年4月21日・後藤茂之国務大臣）。

　七つの遵守事項それぞれの詳細はQ3-10～Q3-16で取り上げますが、すべての遵守事項が下請法上の親事業者の遵守事項（下請法4条）や独禁法上の優越的地位の濫用（独禁法2条9項5号）と対応しています。特定業務委託事業者が、フリーランスとの間で了解を得たり合意したりしていたとしても、また、違法性の意識を欠いていたとしても、本条の各項各号に該当する行為があったときは本法違反となります（解釈指針第2部第2の2⑵）。七つの遵守事項を網羅的に取り上げているものではありませんが、本条の各項各号に定められた行為の実例については、フリーランス・トラブル110番の「相談事例集」を参照するとよいでしょう。

遵守事項	法5条	下請法4条
受領拒否の禁止	1項1号	1項1号
報酬（下請代金）の支払遅延の禁止	（4条5項）	1項2号
報酬（下請代金）の減額の禁止	1項2号	1項3号
返品の禁止	1項3号	1項4号
買いたたきの禁止	1項4号	1項5号
購入・利用強制の禁止	1項5号	1項6号
報復措置の禁止	（6条3項）	1項7号
有償支給原材料等の対価の早期決済の禁止	―	2項1号
割引困難な手形の交付の禁止	―	2項2号
不当な経済上の利益の提供要請の禁止	2項1号	2項3号
不当な給付内容の変更及び不当なやり直しの禁止	2項2号	2項4号
＊独禁法が禁止する優越的地位の濫用（2条9項5号）との関係では、「購入・利用強制の禁止」は同号イ、「不当な経済上の利益の提供要請の禁止」は同号ロ、その他の遵守事項は同号ハと対応しています。		

　フリーランスと取引を行う事業者が遵守すべき事項は、従来、公取委などが連名で策定したフリーランスガイドライン第4の3に列挙されています。報酬の支払遅延の禁止（法4条5項）を除くと、フリーランスガイドラインは具体的な遵守事項として10の行為類型を挙げていますが、それらのうち、①一方的な発注取消し（第4の3⑸）、②役務の成果物に係

る権利の一方的な取扱い（同(6)）、③合理的に必要な範囲を超えた秘密保持義務等の一方的な設定（同(11)）は法5条で明示的に定められていません。しかし、本法の解釈指針によれば、①は不当な給付内容の変更（法5条2項2号）に、②は不当な経済上の利益の提供要請（同項1号）にそれぞれ該当するとされているため、特定業務委託事業者は注意する必要があります。

　③について、秘密保持義務や競業避止義務、専属義務と本条との関係は、本法の解釈指針で何ら説明されていないだけでなく、本法の立法時に国会で審議されたこともありません。秘密保持義務等は、一般的には、発注者が、フリーランスによる一定のノウハウやスキルの向上等を企図した投資を行った上で、当該投資に要する費用の回収を目的として設定するものであるため、そのような目的との関係で「合理的に必要な範囲」を超えたものでない限り、優越的地位の濫用（独禁法2条9項5号ハ）に該当しません（フリーランスガイドライン第4の3(11)）。しかし、文化芸術分野や芸能・クリエイティブ分野の取引では「合理的に必要な範囲」を超えるものとして問題となったことがあり、公序良俗に反し無効であると判断した知財高裁判決（令和4年12月26日、令和4年(ネ)第10059号）もあるため、注意する必要があります。なお、フリーランスガイドライン記載の想定例のように、秘密保持義務等の設定が独禁法上の問題となるか否かは総合的判断を必要とするため、法5条の形式や定めが下請法4条と類似していることを考慮すると、法5条が明示的に定めることは馴染まないという見方もできるかもしれませんが、フリーランスガイドラインが具体的な遵守事項として挙げたものを本法の規制対象から外すべき積極的理由はありません。附則2項に基づき本法の見直しを行うときは、法5条の定めの「拡充も視野に検討」し（衆院内閣委附帯決議11項、参院内閣委附帯決議9項）、秘密保持義務等の取扱いを明確化することが望まれます。

　なお、法5条が定める七つの遵守事項について、下請法4条の考え方は下請法運用基準を、独禁法2条9項5号の考え方は優越ガイドラインと役務委託取引ガイドラインを参照するとよいでしょう。

第3章　特定受託事業者に係る取引の適正化 ── 89

Q3-9 ▶政令で定める期間以上の期間

法5条1項が定める「政令で定める期間以上の期間」とは何ですか。法13条1項が定める「継続的業務委託」との違いは何ですか。また、「政令で定める期間以上の期間」の該当性は具体的にどのように判断されるのですか。

A 　法5条1項が定める「政令で定める期間以上の期間」とは1か月以上の期間を指しており（施行令1条）、特定業務委託事業者が行う継続的な業務委託を意味していますが、法13条1項が定める「政令で定める期間以上の期間（継続的業務委託）」（6か月以上）とは異なるものです。これら二つの期間の始期と終期は同一の基準時点によって定まりますが、①単一の業務委託又は基本契約よる場合と、②契約の更新により継続して行うこととなる業務委託の場合で、それぞれ異なる時点として定まります。

解説
法5条1項と法13条1項が定める「政令で定める期間以上の期間」の始期と終期に関する考え方を理解する上で両条項を区別する実益はないため、以下、単に「継続的業務委託」と表記し、①単一の業務委託又は基本契約による場合と、②契約の更新により継続して行うこととなる業務委託の場合に分けて説明します。

【単一の業務委託又は基本契約による場合】

継続的業務委託の始期は業務委託に係る契約の締結日（3条通知で明示する「業務委託をした日」）と基本契約の締結日のいずれか早い日です（解釈指針第2部第2の2(1)ア(ア)）。「業務委託をした日」とは、契約における停止条件の有無にかかわらず、取引の当事者が業務委託をすることについて合意した日を指し（解釈指針第2部第1の1イ、パブコメ2-1-22）、業務委託に係る契約の締結日が業務委託をすることに関する合意日である場合は当該締結日が該当します（パブコメ2-1-23）。本条の趣旨

は、継続的業務委託の場合、特定業務委託事業者とフリーランスとの間に一定の経済的依存・従属関係が生じやすいとされていることから、特定業務委託事業者がその立場を利用して行うであろう一定の不利益行為を禁止することにありますが、そのような当事者の関係は、フリーランスの業務開始日を待たず、契約の締結日には生じ得ると考えられています（パブコメ2-3-16）。

　継続的業務委託の終期は、①業務委託に係る契約の終了日（3条通知で明示する「給付受領予定日」のほうが遅ければ当該予定日、「給付受領予定期間」を定めた場合は当該期間の最終日）、②取引の当事者が業務委託に係る契約の終了日を別途定めた場合は同日、③基本契約の終了日のいずれか遅い日です（解釈指針第2部第2の2(1)ア(イ)）。終期は契約の終了日の「予定日」や給付受領予定日（又は給付受領予定期間の最終日）で判断されるため、そのような予定日の前後に給付を受領したとしても、終期は変動しません（契約の更新により継続して行う業務委託の場合も同じです）。法5条の趣旨は前記のとおりですが、取引の当事者間の経済的依存・従属関係は遅くとも給付受領予定日又は給付受領予定期間の最終日には終了すると考えられています（パブコメ2-3-19）。業務委託に係る契約の終了日が始期から1か月未満の時点に定められていても、3条通知で明示する給付受領予定日（又は給付受領予定期間の最終日）が始期から1か月以上の時点とされていれば、法5条1項が定める継続的業務委託に該当します。また、業務委託に係る契約又は基本契約において当該契約の終了日を定めなかった場合も、法5条1項が定める継続的業務委託に該当します（解釈指針第2部第2の2(1)ア）。

　なお、終期について、たとえば、フードデリバリーサービスの特定業務委託事業者が、フリーランスである配達員との間で基本契約を締結し業務委託（個別契約）を行っているときに、身分証明書など必要書類の更新が必要であること、配達員の関与が疑われる業務中の事件や事故に関する調査を必要とすること等を理由として、配達員のアカウントを一時停止し、配達員が一時的に個別契約を締結できない状態とする場合があるとされていますが、そのような一時停止は、一定の条件を満たした

第3章　特定受託事業者に係る取引の適正化 ── 91

ものである限り、終期を画するものではありません。当該条件とは、一時停止が基本契約の解除と明確に区別されており、一時停止となる理由や当該理由に照らして適切な一時停止の予定期間等、一時停止であることが明らかである事由を配達員に明示しており、かつ、当該理由が正当なものであることです（パブコメ3-4-28）。

〈基本契約と「基本的な事項」「共通事項」の関係〉

「基本契約」とは、少なくとも業務委託に係る給付の内容の「概要」を定めた、「基本的な事項」に関する契約を指しており、その名称や形式が問われることはありません（解釈指針第2部第2の2(1)ア、パブコメ2-3-9）。公取委は、「基本的な事項」の具体例を何ら示していないほか、解釈指針に対する「例示の追記については、本法施行後の事例の蓄積等を踏まえ、検討」すると述べるに止まっているため（パブコメ2-3-14）、「概要」がどの程度の定めを指すのか判然としません。しかし、3条通知における「給付の内容」の記載はフリーランスが「当該記載を見て、その内容を理解でき、業務委託事業者の指示に即した給付の内容を作成又は提供できる程度の情報を記載することが必要」とされていることをふまえつつ（パブコメ2-1-24）、「守秘義務等、給付の内容に言及されていないものは、基本契約に含みません」という公取委の説明を反対解釈すれば（パブコメ2-3-9）、フリーランスが給付の内容として予定されるものを理解できる程度の情報を記載していれば、「概要」を定めたものとして、基本契約に該当するといえるでしょう。

なお、「給付の内容」など3条通知の明示事項について、業務委託事業者や特定業務委託事業者が、一定期間に同種の業務委託を複数行う場合において、個々の業務委託ごとに同様の内容を取り決める手間を省く観点から、契約その他の名称や形式を問わず、あらかじめ個々の業務委託（個別契約）に一定期間共通して適用される事項を定めることがありますが、当該事項は「共通事項」（公取委規則3条、解釈指針第2部第1の1(3)コ）であって、給付の内容の「概要」を定めたものでなければ「基本契約」に該当しません。基本契約と共通事項は、個々の業務委託（個別契約）に一定期間共通して適用される事項を定めたものであるという点で

は同じですが（パブコメ2-3-12）、前記のとおり、基本契約は少なくと
も給付の内容の「概要」を定めたものでなければなりません。

【契約の更新により継続して行うこととなる業務委託の場合】

　継続的業務委託の始期は最初の業務委託又は基本契約の始期であり、
終期は最後の業務委託又は基本契約の終期です（解釈指針第2部第2の2
(1)イ(イ)）。法5条1項が定める「契約の更新により当該政令で定める期間
以上継続して行うこととなる」とは、契約の当事者が同一で、給付又は
役務の提供の内容が一定程度の同一性を有し（コラム3「『契約更新』に
おける給付等の内容の『同一性』」参照）、複数の業務委託に係る契約又
は基本契約の間に存在する「空白期間」が1か月未満であることを指し
ます（解釈指針第2部第2の2(1)イ(ア)）。「空白期間」の始期は、前の業務
委託に係る契約又は基本契約の終了日（ただし、実際の給付受領日が3
条通知で明示する「給付受領予定日」又は「給付受領予定期間」よりも
遅かった場合は、当該受領日と業務委託に係る契約又は基本契約の終了
日のいずれか遅い日）の翌日であり、終期は、次の業務委託に係る契約
又は基本契約の締結日の前日です。たとえば、前回の業務委託の始期が
4月1日、終期が4月25日であったときに、当該業務委託と同一の発注者
が一定程度の同一性を有する給付等について新たな業務委託を行い、そ
の始期が5月10日、終期が5月31日であるときは、それぞれの業務委託
が行われた期間は1か月未満ですが、二つの業務委託の「空白期間」も
1か月未満であるため、「契約の更新」に該当し、「空白期間」を含めた
通算で1か月以上の継続的業務委託が行われたと判断します。なお、本
条の対象となる業務委託は、①複数の業務委託を連続して行うことが契
約の更新により継続して行うこととなる場合に該当し、通算して1か月
以上行うこととなるときは、更新後の業務委託であり、②基本契約の締
結が同様に通算して1か月以上行うこととなるときは、それ以降当該基
本契約（当該基本契約が更新された契約を含む。）に基づき行われる業務
委託です（解釈指針第2部第2の2(1)イ）。

　なお、本法は脱法行為の禁止規定を置いていませんが、たとえば1か

第3章　特定受託事業者に係る取引の適正化 ── 93

月＋数日の「空白期間」を設けて繰り返し業務委託に係る契約又は基本契約の締結を行い、フリーランスに対し法5条に定められた行為をすることは、本法の立法趣旨に反するため、法8条（勧告）が適用される可能性はあると考えるべきでしょう。継続的業務委託に該当するかどうかは本法の執行上の形式的基準（目安）とみるべきであり、フリーランスの利益を不当に害する脱法的行為が許されてはならないことは言うまでもありません。

コラム3 「契約の更新」における給付等の内容の「同一性」

　給付等の内容が一定程度の「同一性」を有するかどうかは、機能、効用、態様などを考慮要素とし、原則として日本標準産業分類の小分類（3桁分類）を参照し、前後の業務委託に係る給付等の内容が同一の分類に属するか否かで判断されます。なお、当事者間の契約実績や特定業務委託事業者における同種の業務委託に係る契約の状況等に鑑み、通常、前後の業務委託が一体のものとしてなされている場合など、3桁分類を参照し判断することが適当でないと考えられる事情がある場合（以下「例外事案」と呼びます。）は、前記の考慮要素を用いて個別に判断されます（解釈指針第2部第2の2(1)イ(ア)、同第3部の2、厚労省指針第3の1(3)）。

　「同一性」の判断のあり方については、公取委検討会の第5回会合において、3つの方向性が事務局から示され、活発な議論が行われています。その後、第6回会合において、法5条1項と法13条1項の解釈は整合的なものであるべき等の委員の意見をふまえて、厚労省等と十分な調整を行った上で判断基準を明確化することとし、結局、検討会報告書では「公正取引委員会においては、契約の同一性に関する判断基準をガイドライン等で明確化することが期待される」という見解が示されるに止まっています。

　厚労省検討会の検討状況をみると、第7回会合において、解釈指針と厚労省指針に記載された考慮要素と判断方法の考え方が事務局から示されています。3桁分類を参照することにした趣旨は、当事者の予見可能性を高めることにあり、例外事案を示した趣旨は、特定業務委託事業者

●94

が意図的に3桁分類を跨ぐように業務委託の内容を細分化させるなど脱法的行為に及ぶ場合に対応するためであるとされています。「同一性」の判断は本法の5条、13条、16条による規律が実効性を有するよう、3桁分類を杓子定規に扱うのではなく、取引や就業の実態を鑑みて実質的に行われるとされています。

Q3-10 ▶受領拒否の禁止（法5条1項1号）

法5条1項1号（受領拒否）が禁止していることはどのような行為ですか。また、「特定受託事業者の責めに帰すべき事由」とは具体的には何ですか。

A フリーランスに帰責事由がないにもかかわらず、特定業務委託事業者が業務委託をした物品等の受領を拒否することです。特定業務委託事業者の一方的な都合による業務委託の取消し、納期の延期等によって物品等を受領しないことも該当します。

解説 「給付の受領」の考え方は、解釈指針第2部第2の1(1)（ウを除く。）における「給付の受領」の考え方と同様です（解釈指針第2部第2の2(2)ア(ア)）。そのうえで、「給付の受領を拒む」とは、フリーランスの給付の全部又は一部を納期に受け取らないことのほか、原則として、業務委託の取消し（契約の解除）や納期の延期によって給付の全部又は一部を納期に受け取らないことも指します（解釈指針第2部第2の2(2)ア(イ)）。なお、役務の提供委託（法2条3項2号）は本号の対象となりませんが、給付の目的物が存在する役務の提供委託において、当該目的物を受領しなかったときは、不当な給付内容の変更及び不当なやり直しの禁止（法5条2項2号）に該当する場合があります（解釈指針第2部第2の2(2)ア）。

フリーランスである「特定受託事業者の責めに帰すべき事由」（帰責事由）があるために、受領拒否が本号違反とならないときは、次の場合に限られています（解釈指針第2部第2の2(2)ア(ウ)。下請法運用基準も参考としています。）。

① **フリーランスの給付の内容が業務委託の内容と適合しないこと等がある場合**

ただし、次のような場合には、業務委託の内容と適合しないこと等が

●96

あることを帰責事由として、給付の受領を拒むことは認められません。

- 業務委託の内容が3条通知に明確に記載されていない、又は、給付の内容の検査基準が明確でない等の事情のため、フリーランスの給付の内容が業務委託の内容と適合しないことや瑕疵の存在が明らかでない場合
- 業務委託をした後、検査基準を恣意的に変更した上で、給付の内容が業務委託の内容と適合しないと判断し、従来の検査基準であれば合格とされたものを不合格としたり瑕疵等があるとしたりする場合
- 取引の過程において、フリーランスが業務委託の内容について提案し確認を要請したところ、特定業務委託事業者の了承を得たため、当該内容に基づき物品の製造等を行ったにもかかわらず、給付の内容が業務委託の内容と適合しないと判断し、給付の受領を拒む場合

② フリーランスの給付が3条通知に記載された納期までに行われなかったため、当該給付そのものが不要になった場合

ただし、次のような場合には、納期遅れを理由とした受領拒否は認められません。

- 納期が3条通知に明確に記載されていない等の事情のため、納期遅れであることが明らかでない場合
- 自己が原材料等を支給する場合において、当該支給が発注時に取り決めた引渡し日よりも遅れた場合
- 納期がフリーランスの事情を考慮せずに一方的に決定又は変更されたものである場合

フリーランスガイドラインが挙げる想定例と下請法運用基準が挙げる違反行為事例を参考にすると、たとえば、次のような場合も本号違反になるおそれがあります。

○ 物品の製造等が完了しているにもかかわらず、自己の業績不振、仕様や事業計画等の変更を理由として、当該物品等の受領を拒むこと。

第3章 特定受託事業者に係る取引の適正化 —— 97

○物品の製造等が完了しているにもかかわらず、納品延期の要請、事業計画等の変更、業績不振、倒産など取引先（第三者）の都合を理由として、納期における物品等の受領を拒むこと。

○自己が繁忙期にあるなど受領態勢が整わないことを理由として、納期における物品等の受領を拒むこと。

○フリーランスが物品等の仕様の明確化を求めたにもかかわらず、正当な理由なく仕様を明確にしないまま、継続して作業を行わせ、当該物品等が給付されようとしたときになって、業務委託の内容と適合しないことを理由として、当該物品等の受領を拒むこと。

○インターネットで一定期間継続的に配信される映像（シリーズもの）の制作を委託しているところ、視聴回数の低下に伴い配信打切りを決めたことを理由として、すでに制作された映像の受領を拒むこと。

　なお、本号から3号に共通して定められている「特定受託事業者の責めに帰すべき事由」については、本条の趣旨に鑑みて「限定的に解釈すべきである」とされています（衆院内閣委令和5年4月5日・品川武政府参考人）。

Q3-11 ▶報酬減額の禁止（法5条1項2号）

法5条1項2号（報酬の減額）が禁止していることはどのような行為ですか。また、「特定受託事業者の責めに帰すべき事由」とは具体的には何ですか。

A フリーランスに帰責事由がないにもかかわらず、業務委託の際に決定した報酬を事後に減額することであり、名目や方法、金額の多寡を問わず、あらゆる報酬減額の行為が禁止されています。報酬減額に関する事前の合意があったとしても、フリーランスに帰責事由がなければ本号違反となります。

解説

「報酬の額を減ずること」に該当する場合　「報酬の額を減ずること」とは、一旦決定された報酬の額を事後に減ずることを指しており、報酬から減ずる金額を差し引くことのほか、特定業務委託事業者の金融機関口座へ減ずる金額を振り込ませることなどが該当します（解釈指針第2部第2の2(2)イ(ア)）。また、報酬の額が時間当たり単価に稼働時間を乗じて算定される場合において、実際の稼働時間を反映せずに算定することも該当します（パブコメ2-3-30）。報酬の額の算定根拠となる事項の確定が具体的な金額を自動的に確定させる算定方法（公取委規則1条3項、解釈指針第2部第1の1(3)キ(ア)）を3条通知で明示したにもかかわらず、実際の稼働時間を反映せずに算定することも該当します（パブコメ2-1-38）。さらに、報酬の支払手続きにおいて、実際の稼働時間の確認や承認を行うことを条件とし、その確認等の手続きによって稼働時間を実際よりも少ないものとするなど、稼働時間の記録を改ざんし、報酬減額の行為に及ぶ場合が考えられますが、このような行為も該当し本号違反となるおそれがあります（パブコメ2-3-36）。フリーランスガイドラインが挙げる想定例と下請法運用基準が挙げる違反行為事例も参考になるほか、解釈指針第2部第2の2(2)イ(イ)は「報酬の額

第3章　特定受託事業者に係る取引の適正化 ── 99

を減ずること」に該当する行為として次のようなものを例示しています。

①単価の引下げについて合意し単価改定した場合に、合意日前に旧単価で発注したものにも新単価を遡及適用し、旧単価と新単価との差額を報酬の額から差し引くこと。

②消費税・地方消費税額相当分を支払わないこと。

③書面又は電磁的方法で合意することなく、フリーランスの金融機関口座へ報酬を振り込む際の手数料をフリーランスに負担させること。

④金融機関口座へ報酬を振り込む際の手数料がフリーランスの負担となることについて書面又は電磁的方法で合意している場合に、金融機関に支払う実費を超えた振込手数料の額を報酬の額から差し引くこと。

⑤物品の製造等に必要な原材料等の支給が自己の責任において生じた、又は、自己による無理な納期の指定が納期遅れ等を生じさせたにもかかわらず、フリーランスの責任による事故であるとして、納期遅れによる商品価値の低下分と評価した額を報酬の額から差し引くこと。

⑥報酬の支払いに際し端数が生じた場合、端数を1円以上切り捨てること。

⑦取引先（第三者）から発注取消しを受けたこと、フリーランスの給付の内容が市況変化等によって不要品となったことを理由として、不要品の対価に相当する額を報酬の額から差し引くこと。

⑧単価の引下げ要求に応じないフリーランスに対し、事前に定められた一定の割合又は一定の額を報酬の額から差し引くこと。

⑨報酬の総額を据え置いたまま、発注数量を増加させること。

⑩業務委託に係る業務の遂行に要する費用等が自己の負担となる旨を3条通知で明示していた場合に、当該費用等相当額を支払わないこと。

⑪元委託業務の一部を再委託した場合において、自己が元委託業務の実施に当たって締結した保険契約の保険料の一部がフリーランスの負担となる旨を再委託の際に取り決めていなかったにもかかわらず、

当該保険料の一部相当額を報酬の額から差し引くこと。

⑫業務委託に係る契約の更新が義務となっておらず、かつ、契約の更新を行わなかった際に違約金等が発生する旨の合意がなかったにもかかわらず、契約の更新を要求し拒否されたため、違約金等の名目で一定の割合又は一定の額を報酬の額から差し引くこと。なお、違約金等の条項が3条通知で明示されていた場合、違約金等を支払わせることが「報酬の額を減ずること」に該当し本号違反となるかどうかは、業務委託に係る契約の内容、取引の実態、フリーランスに帰責事由があるかどうかなど、個々の取引ごとに判断される（パブコメ2-3-33）。

「報酬の額を減ずること」に該当しない場合　　たとえば、業務委託の前に、フリーランスの金融機関口座へ報酬を振り込む際の手数料がフリーランスの負担となることについて書面又は電磁的方法で合意していた場合に、報酬の振込の際に金融機関へ支払う実費の範囲内で当該手数料を差し引いて報酬を支払うことは、「報酬の額を減ずること」に該当しません（解釈指針第2部第2の2(2)イ(ウ)）。また、業務委託に係る共通事項として報酬の算定方法を定めている場合において、当該算定方法を途中で変更し、変更後に行う業務委託に対する報酬の額を引き下げることは、「報酬の額を減ずること」に該当しません（Q&A74）。

　さらに、長期の継続的契約の締結を目的とした業務委託を行う際は、そのような契約の締結が見込めるフリーランスとの取引を促す観点から、当該契約が一定期間内に解除された場合における既払い報酬の戻入れを定めることがありますが、報酬が戻入れの対象であることを3条通知で明確に定め、その具体的な金額又は算定方法を明示していれば、戻入れを行うことは「報酬の額を減ずること」に該当しません（パブコメ2-3-34）。ただし、戻入れ後の報酬の額がフリーランスである「特定受託事業者の給付の内容と同種又は類似の内容の給付に対し通常支払われる対価に比し著しく低い」場合は、買いたたき（法5条1項4号）として本法違反となるおそれがあります（同前）。

　　「特定受託事業者の責めに帰すべき事由」（帰責事由）がある場合　　フ

第3章　特定受託事業者に係る取引の適正化 ── 101

リーランスに帰責事由があるために、「報酬の額を減ずること」が本法上認められるのは、次の場合に限られています（解釈指針第2部第2の2(2)イ(エ)）。なお、フリーランスがインボイス制度上の免税事業者であることは帰責事由に該当しません（パブコメ2-3-40）。

①受領拒否（法5条1項1号）又は返品（法5条1項3号）がフリーランスの帰責事由ゆえに本法違反とならない場合に、受領拒否又は返品をして、その給付に係る報酬の額を減ずること。

②受領拒否又は返品がフリーランスの帰責事由ゆえに本法違反とならない場合であって、受領拒否又は返品をせずに、自己が手直しをしたとき（役務の提供委託である場合は、役務の提供を受けた後に手直しをしたとき）に、手直しに要した費用など客観的に相当と認められる額を報酬の額から減ずること。

③受領拒否又は返品がフリーランスの帰責事由ゆえに本法違反とならない場合であって、受領拒否又は返品をせずに、業務委託の内容と適合しないこと等又は納期遅れによる商品価値の低下が明らかであるときに、客観的に相当と認められる額を報酬の額から減ずること。

Q3-12 ▶返品の禁止（法5条1項3号）

法5条1項3号（返品）が禁止していることはどのような行為ですか。また、「特定受託事業者の責めに帰すべき事由」とは具体的には何ですか。

A フリーランスに帰責事由がないにもかかわらず、業務委託をした物品等について、その受領後に引き取らせることです。給付の内容を検査するかどうかを問わず、特定業務委託事業者が給付された物品等を事実上自らの支配下に置けば「受領」に該当し、受領後に引き取らせることはすべて本号上の問題となります。

解説 フリーランスとの間で返品につき合意していたとしても、特定業務委託事業者が、取引先（第三者）から発注取消しを受けたり、自己や取引先（第三者）における商品の入替等が生じたりするなど、その事情や名目、数量の多寡を問わず、フリーランスである「特定受託事業者の責めに帰すべき事由」がないにもかかわらず返品することは本号違反となります。なお、役務の提供委託は本号の対象となりませんが、給付の目的物が存在する役務の提供委託において、フリーランスに当該目的物を引き取らせた場合は、不当な給付内容の変更及び不当なやり直しの禁止（法5条2項2号）に該当する場合があります（解釈指針第2部第2の2(2)ウ）。

返品がフリーランスである「特定受託事業者の責めに帰すべき事由」ゆえに認められるのは、フリーランスの給付の内容が業務委託の内容と適合しない場合や瑕疵等がある場合で、かつ、給付の受領後6か月以内又は1年以内（後記「返品が認められる場合の期間」を参照）に返品するときに限られます。なお、次のような場合は、フリーランスの給付の内容が業務委託の内容と適合しないことを理由として返品することは認められません（解釈指針第2部第2の2(2)ウ(ア)。②と⑤は下請法運用基準

第3章　特定受託事業者に係る取引の適正化 ── 103

を参考としています。)。

①業務委託の内容が3条通知に明確に記載されていない、又は、給付の内容の検査基準が明確でない等の事情のために、フリーランスの給付の内容が業務委託の内容と適合しないことが明らかでない場合

②業務委託をした後、検査基準を恣意的に変更した上で、給付の内容が業務委託の内容と適合しないと判断し、従来の検査基準であれば合格とされたものを不合格としたり瑕疵等があるとしたりする場合

③給付の内容に係る検査を省略する場合

④給付の内容に係る検査を行わず、かつ、フリーランスに書面又は電磁的方法で当該検査を委任していない場合

⑤フリーランスに書面又は電磁的方法で給付の内容に係る検査を委任している場合において、当該検査に明らかな不足等が認められる給付について、給付の受領後6か月を経過した場合

フリーランスガイドラインが挙げる想定例と下請法運用基準が挙げる違反行為事例を参考にすると、たとえば、次のような場合における返品も本号違反になるおそれがあります。

○物品の製造委託において、販売期間の終了、自己の店舗における商品の入替え、賞味期限切れ等を理由として、売れ残った商品を引き取らせること。

○物品又は情報成果物を一旦受領したにもかかわらず、取引先（第三者）から発注取消しや返却を受けたことを理由として、当該物品又は情報成果物を引き取らせること。

なお、返品が認められる場合について、下請法運用基準第4の4は「給付に係る検査をロット単位の抜取りの方法により行っている継続的な下請取引」の場合を記載していますが、本法の解釈指針はそのような場合を記載していません。下請法は親事業者が個人との間で行う製造委託等も規制対象としていますが、製造委託等を受ける者（いわゆる下請事業者）は一般に一定規模の法人である一方、本法上の特定受託事業者であるフリーランスは個人等であり、大量の物品の製造委託が継続的に行われることは想定されていないためであると考えられます。

104

返品が認められる場合の期間　　返品がフリーランスの帰責事由のために認められる場合において、フリーランスの給付の内容が業務委託の内容と適合しないことや瑕疵等があることを直ちに発見できる場合は、特定業務委託事業者が意図的に検査期間を延ばすことがない限り、給付の受領後速やかに返品することができます。他方、フリーランスの給付の内容が業務委託の内容と適合しないことを直ちに発見できない場合は、給付の受領後6カ月以内であれば返品することができます。ただし、フリーランスの給付を使用した特定業務委託事業者の商品につき一般消費者に対し6か月を超えた保証期間を定めているときは、1年以内を最長期間として、その保証期間に応じて返品することができます（解釈指針第2部第2の2(2)ウ(イ)）。

Q3-13 ▶買いたたきの禁止（法5条1項4号）

法5条1項4号（買いたたき）が禁止していることはどのような行為ですか。

A 発注する物品や役務に通常支払われる対価（同種又は類似の物品や役務の市価）と比べて著しく低い報酬の額を不当に定めることです。「不当に」定めたかどうかは、①対価の決定方法（十分な協議の有無等）、②対価の決定内容（対価が差別的でないこと等）、③市価との乖離状況、④当該給付に必要な原材料等の価格動向を総合考慮し判断されます。

解説 **概説** 本号は、フリーランスに業務委託を行うにあたって、その報酬の額が適正な水準となるよう規制するものです。報酬減額の禁止（法5条1項2号）が一旦決定された報酬の額を事後に減ずることを対象としている一方、本号は業務委託の際における報酬の額の決定を対象としています。

「通常支払われる対価」とは、フリーランスの給付の内容と同種又は類似の内容である給付について、当該フリーランスが属する取引地域で一般に支払われる対価（市価。以下「通常の対価」と呼びます。）を指します。ただし、通常の対価を認識することが困難ないし不可能な給付については、たとえば、当該給付が従前の給付と同種又は類似のものである場合には、次に挙げる額は「通常支払われる対価に比し著しく低い報酬の額」とみなされます（解釈指針第2部第2の2(2)エ(ア)）。

①従前の給付に係る単価で計算された対価と比べて著しく低い報酬の額

②当該給付に係る主な費用（労務費、原材料価格、エネルギーコストなど）の著しい上昇を認識できる（たとえば、最低賃金の上昇率、春季労使交渉の妥結額やその上昇率などの経済の実態が反映されてい

ると考えられる公表資料から認識できる）にもかかわらず、従前の
給付に係る対価に据え置かれた報酬の額

　解釈指針が言及する「取引地域」について、従前の給付が存在しない
だけでなく、取引の全体がオンラインで完結する場合、取引の当事者が
通常の対価を認識することは困難ないし不可能であると考えられますが、
公取委はこのような場合に関する考え方を明らかにしていません（パブ
コメ2-3-58）。これについては、回答欄記載の①～④という考慮要素に
みられるとおり、報酬の額の設定が「不当」であるかどうかの判断は、十
分な協議を行った上で、当該給付に必要な原材料等の価格動向をふまえ
て、市価との乖離がなく非差別的である対価を報酬の額として設定して
いるかどうかに依存するため、まずは取引の当事者が十分な協議を行っ
て報酬の額につき合意することが重要です（解釈指針第2部第2の2(2)エ
(イ)）。公取委は実際、報酬の額が十分な協議の結果として定められていれ
ば、その額が他のフリーランスに対するものよりも低かったとしても、直
ちに本号違反となるものではないという考え方を明らかにしています（パ
ブコメ2-3-53）。なお、取引の当事者が十分な協議を行ったかどうかに
ついて、「ある一定の額を要望して、それが受けられます、受けられませ
んという話をしているだけでは」足りないという考え方が明らかにされ
ています（参院内閣委令和5年4月27日・品川武政府参考人）。

　本号違反となるおそれがある場合　　次のような方法で報酬の額を定
めることは本号違反となるおそれがあります（解釈指針第2部第2の2(2)
エ(ウ)）。なお、「労務費」について、フリーランスが「従業員」（法2条1
項）に該当しない臨時の労働者等を使用している場合、当該労働者等の
給与は「労務費」に該当するため、経済の実態が反映されていると考え
られる公表資料から「労務費」の著しい上昇を認識できるにもかかわら
ず、フリーランスの報酬の額を従来通りに据え置いたときには、本号違
反となります（パブコメ2-3-51）。

　①継続的な業務委託による大量発注を前提とした単価の見積りを行わ
　　せた上で、当該単価を短期かつ少量発注の業務委託しか行わない場
　　合の単価として用い、報酬の額を定めること。

②給付すべき物品等又は提供すべき役務が見積り時点よりも増加したにもかかわらず、当初の見積価格を報酬の額として定めること。

③一律に一定比率で単価を引き下げて報酬の額を定めること。

④特定業務委託事業者の予算単価のみを基準として、一方的に通常の対価よりも低い単価で報酬の額を定めること。

⑤短納期発注を行う場合に、フリーランスに発生する費用増分を考慮せずに、通常の対価よりも低い報酬の額を定めること。

⑥合理的な理由がないにもかかわらず、特定のフリーランスを差別して取り扱い、他のフリーランスよりも低い報酬の額を定めること。

⑦同種の給付について、特定の地域又は顧客向けであることを理由に、通常の対価よりも低い単価で報酬の額を定めること。

⑧情報成果物の作成委託において、給付の内容が知的財産権を含む場合に、当該知的財産権の対価について、フリーランスと協議することなく、一方的に通常の対価よりも低い額を定めること。

⑨労務費、原材料価格、エネルギーコスト等の費用上昇分の取引価格への反映の必要性について、報酬の額を定める交渉の場において明示的に協議することなく、従来どおりに報酬を据え置くこと。

⑩労務費、原材料価格、エネルギーコスト等の費用が上昇したため、フリーランスが報酬の額の引上げを求めたにもかかわらず、当該費用の報酬転嫁をしない理由を書面その他の方法で回答することなく、従来どおりに報酬を据え置くこと。

⑪フリーランスが業務委託の内容に対応する上で品質改良等に伴う追加費用を負担したにもかかわらず、一方的に通常の対価よりも低い報酬の額を定めること。

　上記のほかに、フリーランスガイドラインが挙げる想定例と下請法運用基準が挙げる違反行為事例を参考にすると、たとえば、次のような行為も本号違反になるおそれがあります。

　　○フリーランスにとって不合理な報酬の算定方法を用いることにより、一方的に通常の対価よりも低い報酬の額を定めること。

　　○報酬の見積額が記載された見積書を作成し、フリーランスが当該報

酬について協議を求めたにもかかわらず、当該見積書に署名等をさせ、当該見積書に記載の見積額どおりに報酬の額を決定することにより、一方的に通常の対価よりも低い額を定めること。

○複数回に及ぶ打合せへの出席、人員の手配、他の業務委託事業者等との取引で使用することが困難な機材等の調達や資格の取得を行うことになるなど、フリーランスが物品等の給付や役務の提供で必要とする費用が増加するため、報酬の額の引上げを求めたにもかかわらず、そのような費用の増加を十分に考慮せず、一方的に従来と同一の報酬の額を定めること。

本号違反となる場合　インボイス制度上の免税事業者であるフリーランスに対して、給付の内容と同種又は類似の内容である給付に対する通常の対価と比べて、当該フリーランスが負担していた消費税額を払うことさえできないような報酬など、著しく低い報酬の額を定めることは、本号違反となります。また、フリーランスが特定業務委託事業者の要請に応じて課税事業者へ変更した場合であって、「その後の価格交渉に応じずに一方的に単価を据え置くことがあるような場合」など、給付の内容と同種又は類似の内容である給付に対する通常の対価と比べて著しく低い報酬の額を定めることも、本号違反となります（パブコメ2-3-40、参院内閣委令和5年4月27日・後藤茂之国務大臣）。

過重労働・長時間労働と買いたたきの関係　本法の立法過程において、特定業務委託事業者がフリーランスに対し非常に短い納期を無理強いするなど、過重労働や長時間労働につながる発注を禁止すべきではないかという議論がありましたが、政府答弁は、本号が定める買いたたきの禁止に「該当し得るケースもある」と肯定的な見方を示す一方、取引の内容や条件は「私的自治、契約自由の原則の下で事業者間の合意で決まるもの」であって、本法の趣旨に照らせば、フリーランスである「特定受託事業者の就業時間を行政が直接制限することは、法制上の課題や発注控えのおそれなどの課題がある」ため「難しい」としています（衆院内閣委令和5年4月5日・後藤茂之国務大臣）。なお、「納期までの期間が通常より短い発注を行い、その結果として特定受託事業者が外注する

こと等を余儀なくさせられ、人件費等のコストが大幅に増加したにもかかわらず、通常の納期で発注した場合の単価と同一の単価を一方的に定めた場合」は本号違反となるおそれがあるとされています（参院本会議令和5年4月21日・後藤茂之国務大臣）。

　　「著しく低い報酬の額」と最低報酬規制　　本法の立法過程において、最低報酬規制の導入の要否が議論されましたが、「事業者間取引における契約自由の観点からは、原則として、事業者取引に対する行政の介入は最小限にとどまるべき」であって、「小規模な発注事業者に対して過剰な義務を課した場合には、発注事業者が義務履行に係る負担を避けようとして特定受託事業者と取引することを避ける、いわば発注控えが生じること、財政基盤が脆弱な発注事業者も多く、義務が負担となり経営に支障を来すことも懸念されることから、規制内容はできるだけ限定することが適当」であること、「特定受託事業者の役務や成果物は多種多様であることから、一律の最低報酬を定めることは困難」であるという理由から、本法は最低報酬規制を行うものではないという考え方が明らかにされています（衆院内閣委令和5年4月5日・後藤茂之国務大臣、参院本会議令和5年4月21日・後藤茂之国務大臣同旨）。

　なお、フリーランスの「安全衛生や保険に係る経費を報酬額に含めないこと自体は、直ちに本法案の規定に違反するものではありません」が、報酬額の交渉時に「フリーランスから必要とされる経費を勘案した上で報酬額を定めるよう求められたにもかかわらず、発注事業者が十分な協議をすることなく通常支払われる対価と比較して著しく低い額の、報酬の額を一方的に定めたような場合」は本号違反となるおそれがあるとされています（参院本会議令和5年4月21日・後藤茂之国務大臣）。

Q3-14 ▶ 購入・利用強制の禁止（法5条1項5号）

法5条1項5号（購入・利用強制）が禁止していることはどのような行為ですか。また、「正当な理由がある場合」とは具体的にはどのような場合を指しますか。

A 　購入・利用強制とは、フリーランスに発注する物品の品質を維持・改善するためなどの正当な理由がないのに、特定業務委託事業者が指定する物（製品、原材料等）や役務（保険、リース等）の購入・利用を強制し、その対価を負担させることです。「正当な理由」は、フリーランスによる給付の内容の均質化や改善にとって必要であるなど、業務委託に係る給付の内容と直接関係する利益の確保が認められる場合を指します。

解説　「自己の指定する物・役務」とは、給付の内容に係る原材料等だけでなく、特定業務委託事業者やその関連会社等が販売又は提供するものであって、フリーランスに購入又は利用させる対象として特定したもののすべてを指します（解釈指針第2部第2の2(2)オ(ア)）。このうち「役務」については、たとえば、保険、リース、インターネット・プロバイダなどが想定されています（パブコメ2-3-60）。

　「強制して」とは、物の購入又は役務の利用を取引の条件とする場合、購入又は利用しないことに対して不利益を与える場合のほか、取引関係を利用して、事実上、購入又は利用を余儀なくさせていると認められる場合も含みます。フリーランスは特定業務委託事業者との取引関係において弱い立場になる傾向があるため、特定業務委託事業者が任意の購入又は利用を要請したに過ぎないと認識していても、フリーランスがその要請を拒否できないことがあります。このような場合も、事実上、購入又は利用を余儀なくさせていると認められれば本号違反となります（解釈指針第2部第2の2(2)オ(イ)）。なお、特定業務委託事業者が、フリーラン

第3章　特定受託事業者に係る取引の適正化 —— 111

スに対し購入又は利用を要請した場合、フリーランスは当該要請に応じることで費用の負担を生じたにもかかわらず、当該費用を考慮することなく、著しく低い報酬の額を不当に定めたときは、買いたたき（法5条1項4号）として本法違反となります（パブコメ2-3-60）。

　特定業務委託事業者がフリーランスに対し自己の指定する物・役務の購入又は利用を要請することは、たとえば、次のような方法で行った場合は本号違反となるおそれがあります（解釈指針第2部第2の2⑵オ(ウ)）。

① 　特定業務委託事業者の購買・外注担当者等、業務委託先の選定又は決定に影響を及ぼすこととなる者がフリーランスに購入又は利用を要請すること。

② 　フリーランスごとに目標額又は目標量を定めて購入又は利用を要請すること。

③ 　フリーランスに、購入又は利用しなければ不利益な取扱いをする旨示唆して購入又は利用を要請すること。

④ 　フリーランスが購入又は利用する意思がないと表明したにもかかわらず、あるいは、当該表明がなくとも明らかに購入又は利用する意思がないと認められるにもかかわらず、重ねて購入又は利用を要請すること。

⑤ 　フリーランスから購入する旨の申出がないのに、一方的に物を送付すること。

　上記のほか、フリーランスガイドラインが挙げる想定例と下請法運用基準が挙げる違反行為事例を参考にすると、たとえば、特定業務委託事業者が自己の指定する物・役務の購入又は利用を要請することは、次のような方法で行った場合も本号違反となるおそれがあります。

〔物品の製造委託〕

○自己の製品の販促キャンペーンを実施するに当たり、フリーランスも販売の対象者とし、自己の製品の購入を再三要請すること。

○自己の取引先（第三者）の製品の販売先を紹介するよう要請し、紹介先がないフリーランスに自ら購入するよう要請すること。

○フリーランスが従来利用しているインターネット・プロバイダの

●112

サービスで受発注の手続きを行うことができるにもかかわらず、特定業務委託事業者が指定するインターネット・プロバイダと契約しなければ、今後、製造委託を行わない旨を示唆し、当該契約の締結を要請すること。

○フリーランスが給付の内容である物品の製造で必要とする性能の工作機械を保有しているにもかかわらず、特定業務委託事業者が自己の指定するリース会社との間で工作機械のリース契約を締結するよう要請すること。

〔情報成果物の作成委託〕

○フリーランスが年中行事の企画で使用される情報成果物を一度給付したが、当該給付の効果が乏しいため、次回以降は当該企画に参画しない旨を特定業務委託事業者へ伝えたにもかかわらず、特定業務委託事業者が当該企画の時期になると発注書を送付し、受注するよう再三要請すること。

○自己又は自己の関連会社が制作した映像作品等のイベントのチケットについて、あらかじめフリーランスごとに目標枚数を定めて割り振ること。

〔役務の提供委託〕

○各種行事の施行に係る司会進行、美容着付け、音響操作等の業務を委託しているフリーランスに対して、業務委託の内容と直接関係ない物品の購入を要請し、当該行事につき定めていた販売目標数量に達していない場合に再度要請するなどすること。

○貨物運送等の業務を委託しているフリーランスに対して、当該フリーランスが必要としていないにもかかわらず、自己の取引先（第三者）から購入要請を受けた自動車の購入を要請すること。

○フリーランスが業務委託を受ける上で必要となる損害保険等に加入済みであるにもかかわらず、特定業務委託事業者が自己の指定する損害保険等の取扱会社との間で契約を締結するよう要請すること。

Q3-15 ▶ 不当な経済上の利益の提供要請の禁止（法5条2項1号）

法5条2項1号（不当な経済上の利益の提供要請）が禁止していることはどのような行為ですか。また、本項柱書が定める「特定受託事業者の利益を不当に害してはならない」とは具体的にはどのような場合を指しますか。

A 特定業務委託事業者が、自己のために、フリーランスに金銭や役務その他の経済上の利益を不当に提供させることです。報酬の支払いとは独立して行われる金銭の提供、作業への労務の提供をすることなどがフリーランスの直接の利益にならない場合、フリーランスの直接の利益との関係を明確にしないで提供させる場合が問題となります。

解説 「金銭、役務その他の経済上の利益」とは、名目を問わず、報酬の支払いとは独立して行われる金銭の提供、作業への労務の提供等を指します（解釈指針第2部第2の2(2)カ(ア)）。フリーランスにそのような経済上の利益を提供させることのみでは本号違反とならず、「自己のために」提供させる行為であって、法5条2項柱書が定める「特定受託事業者の利益を不当に害」する場合に本号違反となります。

フリーランスである「特定受託事業者の利益を不当に害」するとは、たとえば、「経済上の利益」の提供がフリーランスの直接の利益とならない場合（特定業務委託事業者の決算対策等を理由とした協賛金の要請等）、「経済上の利益」の提供とフリーランスの利益との関係を明確にせずに提供させる場合（負担額及び算出根拠、使途、提供の条件等が不明確である場合、虚偽の数字を示して提供させる場合など）を指します（解釈指針第2部第2の2(2)カ(イ)）。他方、「経済上の利益」の提供が業務委託を受けた物品の販売促進につながるなど、フリーランスの直接の利益になる（「経済上の利益」の提供から実際に生ずる直接的な利益が不利益を上回

● 114

るもので、将来の取引が有利になるというような間接的な利益を含まない。）ものとして自由な意思により行われる場合は該当しません。具体的にみると、次のような行為は「特定受託事業者の利益を不当に害」し本号違反となるおそれがあります（解釈指針第2部第2の2(2)カ(エ)）。

①業務委託先の選定又は決定に影響を及ぼすこととなる者が金銭・労務等の提供を要請すること。

②フリーランスごとに目標額又は目標量を定めて金銭・労務等の提供を要請すること。

③要請に応じなければ不利益な取扱いをする旨示唆して金銭・労務等の提供を要請すること。

④意思の表明の有無を問わず、経済上の利益を提供する意思の不存在が明らかであるにもかかわらず、重ねて金銭・労務等の提供を要請すること。

⑤情報成果物等の作成に関し、フリーランスの知的財産権が発生する場合において、当該権利の譲渡・許諾が給付の内容に含まれる旨を法3条に基づき明示していないにもかかわらず、当該情報成果物等に加えて、無償で、作成の目的たる使用の範囲を超えて当該権利を譲渡・許諾させること。

　なお、「作成の目的たる使用の範囲」について、公取委は「一律に示すことは困難」であるとしているため（パブコメ2-3-63）、本号違反を予防するためには、法3条に基づき明示する給付の内容について十分な協議を行い合意することが望ましいと考えられます。

前記⑤のとおり、「その他の経済上の利益」は、業務委託の目的物たる給付に係るものとしてフリーランスに発生した知的財産権を含みます。物品の製造等を委託するときに、業務委託時に給付の内容に含まれていなかった知的財産権やノウハウ等の技術資料を無償で提供させることなども、フリーランスの利益を不当に害する場合は本号違反となります。また、フリーランスが知的財産権を有する情報成果物について、特定業務委託事業者が当該情報成果物を利用して得た収益をフリーランスに配分しないこと、一方的に収益の配分割合を定めること、フリーランスによ

第3章　特定受託事業者に係る取引の適正化 ── 115

る二次利用を制限すること等を通じてフリーランスの利益を不当に害する場合も本号違反となります（解釈指針第2部第2の2⑵カ㋒）。なお、3条通知の給付の内容の一部として知的財産権の譲渡・許諾の範囲を明確に記載した上で、当該記載と合致する範囲で当該知的財産権の譲渡・許諾を受けることは本号違反となりませんが、当該譲渡・許諾の対価が不当に低く定められているような場合には、買いたたき（法5条1項4号）又は本号に該当する行為として本法違反となります（パブコメ2-3-62）。

　フリーランスガイドラインが挙げる想定例と下請法運用基準が挙げる違反行為事例を参考にすると、たとえば、次のような行為も本号違反になるおそれがあります。

〔物品の製造委託〕

　　○自己のショールームに展示するため、展示用物品を無償で提供させること。

　　○第三者へ安価で発注するために、業務委託の際に給付の内容として明示していないにもかかわらず、物品の製造のために作成した図面やデータ等を無償で提出させること（当該第三者へ当該図面等を引き渡し発注するかどうかを問わない）。

〔情報成果物の作成委託〕

　　○自己が販売する商品の設計図の作成を委託しているところ、当該商品の広告宣伝費を確保するため、協賛金等の名目で金銭を提供させること。

　　○工業用デザインの設計図の作成を委託し、その給付を受領した後で、業務委託の際に給付の内容として明示していないにもかかわらず、当該給付に係る電磁的データを無償で提出させること。

　　○ソフトウェアの作成を委託しているところ、実際には、自己の事業所に常駐させ、当該ソフトウェアの作成とは無関係の業務を行わせること。

　　○インターネットで配信する映像の制作を委託し、業務委託の際に当該映像に係る知的財産権を譲渡させる旨明示していたが、それに加えて、当該映像で使用しなかった映像素材に係る知的財産権

を無償で譲渡させること。

〔役務の提供委託〕

○業務委託の際に給付の内容として明示していないにもかかわらず、自己の顧客に対する営業活動に無償で参加させること（本法上の「業務委託」全般に共通）。

○業務委託の際に給付の内容として明示していないにもかかわらず、フリーランスの顧客情報を無償で提供させること（本法上の「業務委託」全般に共通）。

○役務の提供に付随して提供された資料について、その使用範囲を3条通知で取り決めていたにもかかわらず、追加的な報酬を支払わずに、当該使用範囲を超えて使用すること。

○貨物運送の業務を委託しているところ、業務委託の内容とは無関係の貨物の積み下ろし作業をさせたり、自己の倉庫の荷役業務等をさせたりすること。

○映像作品等の出演者に対するスタイリストの業務を委託しているところ、当該業務で必要とされる物品のうちフリーランスが所有者又は借用者でないものについて、当該フリーランスの費用負担で自宅その他の場所に保管させること。

Q3-16 ▶ 不当な給付内容の変更及び不当なやり直しの禁止（法5条2項2号）

法5条2項2号（不当な給付内容の変更及び不当なやり直し）が禁止していることはどのような行為ですか。また、「特定受託事業者の責めに帰すべき事由」とは具体的には何ですか。

A フリーランスに帰責事由がないにもかかわらず、一方的に、業務委託の取消しや給付の内容の変更を行ったり、給付の受領後にやり直しや追加作業を行わせたりして、フリーランスの作業に要した費用を負担しないことです。給付の内容について検査を行うかどうかを問わず、事実上自らの支配下に置けば給付の受領に該当するため、その後にやり直しや追加作業を行わせ、その作業に要した費用を負担しないことは、原則として本号違反となります。

解説 「給付の内容を変更させ」るとは、給付の受領前において、フリーランスに対し3条通知に記載された給付の内容を変更し、業務委託の当初の内容とは異なる作業を行わせることを指します。業務委託の取消し（契約の解除）も該当し（解釈指針第2部第2の2(2)キ(ア)）、役務の提供委託の場合において、フリーランスによる役務提供が未了であるときに当該業務委託を取り消すことは、それが請負契約であるかどうかを問わず、「給付の内容を変更させ」ることに該当します（パブコメ2-3-70）。

「給付をやり直させる」とは、給付の受領後（役務の提供委託の場合は当該役務の提供を受けた後）において、フリーランスに対し当該給付に関して追加的な作業を行わせることを指します（解釈指針第2部第2の2(2)キ(イ)）。

本号違反は、給付の内容の変更ややり直しがフリーランスである「特定受託事業者の利益を不当に害」するとき、すなわち「特定受託事業者の責めに帰すべき事由がない」にもかかわらず行われたときに成立しま

す。給付の内容の変更ややり直しは、フリーランスが当該行為を受けるまでに行った作業を無駄なものとするほか、フリーランスが業務委託の当初の内容とは異なる作業や追加的な作業を必要としたときに、特定業務委託事業者がその作業に要した費用を負担しないことは「特定受託事業者の利益を不当に害」する行為であると判断されます。このことを反対解釈すれば、給付の内容の変更ややり直しに対応するためにフリーランスに発生した費用について、特定業務委託事業者がこれを負担するなど、フリーランスの利益を害しないよう適切かつ十分な代償措置を講ずるのであれば、「特定受託事業者の利益を不当に害」する行為に該当しないことになります（解釈指針第2部第2の2(2)キ(ウ)）。本号上の問題の一例を挙げると、フリーランスに業務委託をした後、フリーランスに帰責事由がないにもかかわらず、3条通知に記載された給付の受領又は役務提供の期日や場所（公取委規則1条1項4号・5号）を一方的に変更するなどして、業務委託の取消し（契約の解除）を行うことがあった場合、フリーランスが当該業務委託のために行った準備等の作業を無駄なものとするほか、不当に他の就業機会を失わせるなど逸失利益を生じさせる行為となるため、取消料その他の名目を問わず、フリーランスの利益を害しないよう適切かつ十分な代償措置を講じなければ、本号違反となります（パブコメ2-3-68）。

　　本号違反とならない場合　　給付の内容の変更ややり直しは、フリーランスである「特定受託事業者の利益を不当に害」しないとき、すなわち「特定受託事業者の責めに帰すべき事由」があるときは本号違反とならず、特定業務委託事業者はフリーランスが追加的な作業等に要した費用を一切負担する必要がありません。公取委はこのような場合が次の三つに限られると説明しています（解釈指針第2部第2の2(2)キ(エ)）。

　①給付の受領前に、フリーランスの要請により給付の内容を変更する場合

　②給付の受領前に、フリーランスの給付の内容を確認したところ、当該内容が3条通知に記載された給付の内容と適合しないこと等が合理的に判断できるため、給付の内容を変更させる場合

③給付の受領後、当該給付の内容が3条通知に記載された給付の内容と適合しないこと等があるため、やり直しをさせる場合

本号違反となる場合　次の場合には、フリーランスの給付の内容が業務委託の内容と適合しないこと等を理由として、フリーランスが追加的な作業等に要した費用の全額を負担せずに給付の内容の変更ややり直しを要請することは、本号違反となります（解釈指針第2部第2の2⑵キ(オ)）。なお、フリーランスガイドラインが挙げる想定例と下請法運用基準が挙げる違反行為事例も参考となります。

①給付の受領前に、フリーランスから給付の内容を明確にするよう要請されたにもかかわらず、あるいは、自己の一方的な都合で物品等の仕様を変更したにもかかわらず、正当な理由なく給付の内容を明確にしたり仕様変更を通知したりせず、継続して作業を行わせ、その後、給付の内容が業務委託の内容と適合しないと判断し、やり直し等を要請する場合

②取引の過程において、フリーランスが業務委託の内容について提案して確認を要請し、了承を得たため、当該内容に基づき物品の製造等を行ったにもかかわらず、給付の内容が業務委託の内容と適合しないと判断し、やり直し等を要請する場合

③業務委託をした後、検査基準を恣意的に変更した上で、給付の内容が業務委託の内容と適合しないと判断したり瑕疵等があるとしたりして、やり直し等を要請する場合

④フリーランスの給付が通常の検査では業務委託の内容と適合しないことを発見できない物品等であるときに、その受領後1年を経過した場合（ただし、特定業務委託事業者が、一般消費者その他の顧客等との間で1年を超えた契約不適合責任期間を定めている場合に、フリーランスとの間でそれに応じた契約不適合責任期間を事前に定めているときを除く。）

情報成果物の作成委託における留意点　情報成果物の作成委託では、給付の内容が業務委託の内容と適合するかどうかについて、特定業務委託事業者の「価値判断」等により評価される部分があるため、業務委託

●120

をする時点において、適合性が認められる条件を3条通知で明確に記載することが不可能な場合があるとされています。また、「価値判断」の主体が特定業務委託事業者の誰であるかは問わないとされているため（パブコメ2-3-71）、適合性の判断は特定業務委託事業者の検査担当者によって大きく異なる可能性もあります。したがって、給付の受領後において、業務委託の内容との不適合を理由としてやり直し等を要請することが想定されますが、その場合、やり直し等の要請に至った経緯などをふまえて、フリーランスとの間でやり直し等の費用につき十分な協議を行い、合理的な負担割合を決定した上で、当該割合を負担すれば、本号違反となりません。ただし、前記の「本号違反となる場合」①～④に該当する場合は、特定業務委託事業者がやり直し等の費用の全額を負担しなければ、本号違反となります（解釈指針第2部第2の2(2)キ(カ)）。

第3章　特定受託事業者に係る取引の適正化 ―― 121

第4節 取引の適正化の実効性

Q3-17 ▶ フリーランスによる申出

フリーランスは、業務委託事業者にフリーランス法の取引の適正化に係る規定に違反する行為がある場合、どのような対応が可能でしょうか。

A フリーランスは、業務委託事業者にフリーランス法の取引の適正化に係る規定に違反する事実がある場合、公取委又は中企庁長官に対し、その旨を申し出て、適当な措置をとるべきことを求めることが可能です。

公取委又は中企庁長官は、当該申出の内容に応じて、報告徴収や立入検査といった必要な調査を行い、申出の内容が事実であると認めるときには、指導及び助言、勧告、勧告に従わない場合の命令といったフリーランス法に基づく措置その他適当な措置をとることとされています。

解説 1. フリーランスによる申出

フリーランスは、業務委託事業者にフリーランス法の取引の適正化に係る規定（具体的には、取引条件の明示義務（法3条）、期日における報酬支払義務（法4条）、特定業務委託事業者の遵守事項（法5条）及び報復措置の禁止（法6条3項））に違反する事実がある場合、公取委又は中企庁長官に対し、その旨を申し出て、適当な措置をとるべきことを求めることができることとされ（法6条1項）、業務委託事業者は、当該申出を行ったことを理由として、不利益な取扱いをしてはならないこととされています（法6条3項）。これは、フリーランスによる公取委又は中企庁長官への情報提供を促し、フリーランス法の規定に違反する

● 122

行為の発見の端緒とするものです（公取委厚労省逐条解説126頁）。

　申出の主体は、「業務委託事業者から業務委託を受ける特定受託事業者」に限定されており、独禁法上の申告の主体が「何人も」（独禁法45条1項）と規定されていることと異なります。これは、申出をしたことを理由とした不利益な取扱いを禁止する条文（法6条3項）を設ける以上、申出の主体は可能な限り限定的にすべきと考えられることのほか、業務委託事業者から業務委託を受けるフリーランス以外の者が申出をすることや不利益な取扱いを受けることは通常想定しにくいためとされています（公取委厚労省逐条解説127頁）。なお、下請法には、かかる申告の規定は設けられていませんが、公取委及び中企庁は、下請法違反被疑事実についての申告窓口を設置し、下請事業者からの申告を受け付けています。

　申出の方法は、オンラインによる申出又は公取委若しくは中企庁の相談窓口に対する申出のいずれかの方法によります（4省庁（内閣官房、公取委、中企庁、厚労省）パンフレット28頁、34頁）。なお、フリーランスは、フリーランス法違反か否かがよく分からない場合等、広く取引上のトラブル等がある場合等には、フリーランス・トラブル110番を利用することができ、行政機関への申出の支援（申出書の書き方や論点の整理等の支援。ただし、申出書の作成代行や提出代行は不可。）を受けることができるとされています（4省庁（内閣官房、公取委、中企庁、厚労省）パンフレット28頁）。

　なお、申出の法的性質については、調査、処分を行うか否かについては所管官庁に裁量があり、フリーランスに対して所管省庁に対する具体的請求権を付与したものではないとされています（衆院内閣委令和5年4月5日・後藤茂之国務大臣）。

2．申出に対する公取委及び中企庁長官の対応

　フリーランスから申出があった場合、公取委又は中企庁長官は、「必要な調査」を行い、その申出の内容が事実であると認めるときは、「この法律に基づく措置その他適当な措置」をとらなければならないとされてい

ます（法6条2項）。

「必要な調査」には、フリーランス法11条の規定に基づく報告徴収・立入検査のほか、関係当事者（フリーランス、業務委託事業者、業務委託事業者の取引先等）から事情を聴取すること等が含まれます。また、「この法律に基づく措置その他適当な措置」とは、申出の趣旨が調査の結果事実であった場合に、このような状況を是正するために必要な調査を意味し、具体的には、公取委及び中企庁長官による指導及び助言（法22条）、中企庁長官による措置請求（法7条）並びに公取委による勧告（法8条）及び勧告に従わない場合の命令（法9条）に加え、政策の普及啓発活動といった事実上の政策やそのための予算措置等が含まれます（公取委厚労省逐条解説128頁）。

3．申出を理由とする報復措置の禁止

業務委託事業者が当該申出をしたフリーランスに対し当該申出をしたことを理由として不利益な取扱いをすることは、禁止されています（法6条3項）。「不利益な取扱い」とは、例えば、取引数量を減じることや、取引を停止することをいいます（解釈指針第2部第1の2）。

Q3-18 ▶ フリーランス法の違反行為に対する措置

フリーランス法の取引の適正化に係る規定に違反した業務委託事業者に対しては、公取委又は中企庁長官によってどのような措置がとられますか。

A フリーランス法の取引の適正化に係る規定に違反した業務委託事業者に対しては、指導及び助言又は勧告が行われる可能性があります。勧告が行われた場合、事業者名、違反事実の概要、勧告の概要等が公表されます。なお、勧告に正当な理由なく従わない業務委託事業者は、当該勧告に係る措置をとるべきとの命令を受ける可能性があり、命令に違反した場合には罰則が科されます。

解説

1. 指導及び助言（公取委及び中企庁長官）

(1) 指導及び助言が行われる場合

公取委及び中企庁長官は、この法律の施行に関し必要があると認めるときは、業務委託事業者に対し、指導及び助言をすることができます（法22条）。これは、公取委及び中企庁長官が、一般的に行政指導（行政手続法2条6号）としての指導及び助言を行うことができる旨を明らかにする規定です（公取委厚労省逐条解説211頁）。

なお、特定業務委託事業者に該当しない業務委託事業者は、取引の適正化に係る規定（法3条、法4条、法5条及び法6条3項）のうち、法3条及び法6条3項の義務のみを負いますので、かかる業務委託事業者に対する指導及び助言の対象は、法3条及び法6条3項に違反する事実に限定されることとなります。

(2) 指導及び助言の内容

公取委は、かかる指導及び助言を行う際には、必要に応じて、業務委託事業者等に対し、経営責任者を中心とする遵法管理体制を確立するとともに、遵法マニュアル等を作成し、これを購買・外注担当者を始め社

第3章 特定受託事業者に係る取引の適正化 ── 125

内に周知徹底することといった再発防止措置等の必要な措置を採るべきことを求めるとしています（第2章違反事件対応方針1。なお、この点は下記2の勧告の場合も同様です。）。

(3) 公表の有無

フリーランス法の運用状況等を公表する場合等において、必要に応じて、指導等の概要等を公表することがあるとされています（第2章違反事件対応方針2）。

2．勧告（公取委）

(1) 勧告が行われる場合や勧告の内容

公取委は、業務委託事業者にフリーランス法の取引の適正化に係る規定（具体的には、法3条、法4条5項、法5条及び法6条3項）の違反行為が認められる場合には、勧告（法8条）をすることができます。これは、命令という処分に至る前に、その行為の自発的是正を促し、その是正の機会を付与するという、段階を踏んで行われる手段としての「行政指導」たる勧告をすることができる権限を規定したものです（公取委厚労省逐条解説131頁）。

勧告の内容としては、問題行為の是正にとどまらず、将来的な問題行為の防止に向けた措置が含まれます。当該措置として、一定の不作為（今後、同種の行為を行わないこと）や再発防止措置（フリーランス法遵守体制の構築）があります（公取委厚労省逐条解説131頁）。

(2) 下請法の勧告との相違点

フリーランス法の勧告は、下請法の勧告と基本的に同じですが、以下の点が異なります。

ア　3条義務違反　　フリーランス法では取引条件の明示義務の違反行為が勧告対象となるのに対し、下請法における書面交付義務は勧告の対象とはなりません。取引条件の明示義務違反の行為のみが認められた場合に、実際に勧告を行い、かつ、事業者名の公表が行われるかどうかは今後の執行状況を注視する必要があります。

イ　支払遅延の解消　　支払遅延に関しては、フリーランス法と下請

●126

法とで異なる点が2点あります。1点目は、勧告の要件です。すなわち、フリーランス法の場合に勧告ができるのは支払遅延（法4条5項）の規定に違反「した」ときであるに対し、下請法の場合に勧告ができるのは支払遅延（下請法4条1項2号）の規定に違反「している」ときに限られます。すなわち、下請法の場合、支払遅延状態を解消した場合には勧告の対象とはなりません（ただし、指導の対象とはなり得ます。）。これに対し、フリーランス法の場合、支払遅延状態を解消したとしても勧告の対象とされます。

　2点目は、勧告の内容です。下請法の場合、「下請代金及び…遅延利息を」支払うべきことその他必要な措置をとるべきことが勧告内容として規定されているのに対し、フリーランス法は「報酬を」支払うべきことその他必要な措置をとるべきことが勧告内容として規定されているにとどまります。このような勧告内容の差異は、フリーランス法が下請法と異なり遅延利息の支払義務を定めていないことから生じるものです。

　勧告要件につき下請法と比較したものが［勧告要件に関するフリーランス法と下請法の異同］です。

第3章　特定受託事業者に係る取引の適正化 —— 127

［勧告要件に関するフリーランス法と下請法の異同］

違反行為	勧告要件	
	フリーランス法 （8条）	下請法 （7条）
3条義務違反	違反したとき （1項）	勧告不可
支払遅延	違反したとき （2項）	違反しているとき （1項）
受領拒否	違反しているとき （3項）	
減額	違反したとき （4項）	違反したとき （2項）
返品		
買いたたき		
購入強制		
不当な経済上の利益の提供要請	違反したとき （5項）	違反したとき （3項）
不当な給付内容の変更・やり直し		
報復措置	違反しているとき （6項）	違反しているとき （1項）

⑶ 公表の有無

　公取委は、勧告を行った場合、国民に対する情報提供を図るとともに、事業者の予見可能性を高め、違反行為の未然防止を図る目的から、事業者名、違反事実の概要、勧告の概要等を公表するとしており（第2章違反事件対応方針2）、下請法と同様（下請法講習会テキスト92頁参照）に、勧告と同時に公表する運用が想定されています。

　命令を行った場合、公表することができるとする定め（法9条2項）がありますが、勧告においてはこのような定めはありません。条文の反対解釈からすると、勧告の場合には公表できないとの考えも成り立ち得ますが、第2章違反事件対応方針2からしますと、公取委はそのような考えを採らないこととしていると考えられます。

⑷ 自発的申出

　上記のとおり、フリーランス法の取引の適正化に係る規定（具体的に

は、法3条、法4条5項、法5条及び法6条3項）の違反行為が認められる場合、違反行為を行った業務委託事業者は、公取委から勧告を受ける可能性がありますが、下請法と同様、勧告を回避する方法として、自発的申出（いわゆるリニエンシー）が認められています。

　具体的には、公取委は、業務委託事業者の自発的な改善措置が、フリーランスが受けた不利益の早期回復に資することに鑑み、勧告の対象となる違反行為に関する自発的な申出が業務委託事業者からなされ、かつ、当該業務委託事業者について、次の①～⑤の全ての事由が認められた場合には、業務委託事業者の法令遵守を促す観点から当該違反行為について勧告するまでの必要はないものとしています（執行指針4）。

①公取委が当該違反行為に係る調査に着手する前に、当該違反行為を自発的に申し出ている。

②当該違反行為を既に取りやめている。

③当該違反行為によってフリーランスに与えた不利益を回復するために必要な措置を既に講じている。

④当該違反行為を今後行わないための再発防止策を講ずることとしている。

⑤当該違反行為について公取委が行う調査及び指導に全面的に協力している。

　上記①～⑤の要件は、下請法違反行為を自発的に申し出た親事業者のうち一定の要件を満たすものについては勧告をしないこととする方針を示した、公取委「下請法違反行為を自発的に申し出た親事業者の取扱いについて」（平成20年12月17日）が定める要件と同じであるところ、フリーランス法の勧告についても、下請法の勧告と同様の制度を採用したものと解されます。

　勧告対象行為につき、下請法と比べてフリーランス法の方が広い（例えば、取引条件の明示義務違反があった場合、現在は解消されているものの過去に支払遅延があった場合など）ことからすると、下請法リニエンシーよりもフリーランス法リニエンシーが活用されることもあり得ますが、今後の状況を注視する必要があります。

第3章　特定受託事業者に係る取引の適正化 ── 129

3. 命令 (公取委)

　業務委託事業者が勧告に正当な理由なく従わない場合には、当該勧告に係る措置をとるべきことを命令（法9条1項）することができ、命令した場合にはその旨を公表（法9条2項）することができます。「正当な理由」の有無は、専らフリーランスに係る取引の適正化の観点から判断されます。例えば、報酬減額が行われていたことを理由に減額相当額の支払の勧告があった場合において、フリーランスが報酬減額を行っていた特定業務委託事業者に対し誤った口座番号を伝え、これにより振込ができなかった場合には、勧告に従わない「正当な理由」があるとされています（公取委厚労省逐条解説133頁）。なお、条文上は、公表することが「できる」とされていますが、第2章違反事件対応方針2では、「公正取引委員会は、命令を行った場合、事業者名、違反事実の概要、命令の概要等を公表する。」とされており、原則として公表する運用が予定されていることが窺われます。なお、命令に従わない場合には、当該違反行為をした者及びその所属する法人等に対して50万円以下の罰金が科されます（法24条1号、法25条）。

　勧告に従うインセンティブについて、下請法では勧告に従うと独禁法上の排除措置命令や課徴金納付命令を受けない（下請法8条）ことによって確保されていますが、フリーランス法では命令（法9条）を受けないことによって確保されています。

4. 公取委に対する措置請求 (中企庁長官)

　中企庁長官は、フリーランス法の取引の適正化に係る規定に違反する事実があると認めるときは、公取委に対し、この法律の規定に従い適当な措置（具体的には、勧告）をとるべきことを求めることができます（法7条）。これは、公取委の独立性を踏まえた上で、中小企業たるフリーランスの保護を図るために、特に中企庁長官に権限を与える趣旨です（公取委厚労省逐条解説129頁）。「適当な措置」とは、勧告（法8条）のことをいい、下請法6条と同様、独禁法に基づく措置は含まれません。

第4章

就業環境の整備

第1節 募集情報の的確な表示（法12条）

Q4-1 ▶募集情報の的確表示が義務づけられる理由

法12条は、特定業務委託事業者に対して、広告等による募集情報提供について的確表示を義務づけていますが、こうした規定を設けた理由は何でしょうか。また、本条が定める「業務委託に係る特定受託事業者の募集」とはどのような場合をいうのでしょうか。

A 法12条は、広告等に掲載されたフリーランスの募集情報と実際の取引条件が異なることにより、その募集情報を見て募集に応じたフリーランス（業務委託により特定受託事業者になりうる者を含む）と特定業務委託事業者との間で取引条件を巡るトラブルが発生するのを防止するとともに、フリーランスがその能力を適切に発揮できる就業機会を失うことを防ぐために設けられました。

本条が適用される「業務委託に係る特定受託事業者の募集」とは、フリーランスに業務委託をしようとする者が自ら又は募集情報のプラットフォームを運営する他の事業者に委託して、フリーランスになろうとする者に対して広告等により勧誘することをいいます。

解説 1．立法趣旨

特定業務委託事業者は、業務委託に係るフリーランス（業務委託により特定受託事業者になりうる者を含む）の募集のために、新聞、雑誌その他の刊行物に掲載する広告、文書の提出又は頒布等により募集情報を提供するときは、①虚偽の表示又は誤解を生じさせる表示をしてはならないこと（法12条1項）、②正確かつ最新の内容に保つための

●132

措置を講じなければなりません（同条2項）。これを的確表示義務と言います。

　働き方の多様化が進む中で、企業は多様な人材を活用するためにフリーランスの募集採用を行っています。また、最近は、フードデリバリーなどの職種において、短時間・単発の就業につくフリーランスを対象に広く募集広告を行う仲介事業、不特定多数の就業者向けに単発的な仕事情報を提供するクラウドソーシングが広がっています。

　法12条は、広告等に掲載されたフリーランスの募集情報と実際の取引条件が異なることにより、その募集情報を見て募集に応じたフリーランスと特定業務委託事業者との間で取引条件を巡るトラブルが発生するのを防止するとともに、フリーランスがその能力を適切に発揮できる契約先を選択できる環境を整備し、虚偽の募集情報等によるフリーランスの就業機会の損失を防ぐ等の趣旨で設けられました（衆院内閣委令和5年4月5日・後藤茂之国務大臣、参院内閣委令和5年4月25日・宮本悦子政府参考人）。

2. 「業務委託に係る特定受託事業者の募集」

　法12条が適用される「業務委託に係る特定受託事業者の募集」とは、フリーランスに業務委託をしようとする者が自ら又は他の事業者に委託して、特定受託事業者になろうとする者に対して広告等により広く勧誘することをいいます。結果として募集に応じて業務委託をした相手方が特定受託事業者であったか否かにかかわらず、募集情報の提供時点においてフリーランスに業務委託をすることが想定される募集をいいます（厚労省指針第2の1(2)）。「他の事業者に委託」とは、特定業務委託事業者にあたらない仲介事業者（募集情報等提供事業者等）に委託する場合も含みます。

　厚労省指針にいう「広告等により広く勧誘する」とは、1対1の関係で契約交渉を行う前の時点において、広告等により広くフリーランスの募集に関する情報を提供する場合を指します。そのため、特定の一人の事業者を相手に業務委託を打診する場合については、通常、既に契約交渉

段階にあることが想定され、契約交渉の中で取引条件の確認や変更が可能であることから、的確表示義務の対象外となります。

　ただし、一つの業務委託に関して、2人以上の複数人を相手に打診する場合については、的確表示義務の対象に含まれます（Q＆A84）。事前に収集したメールアドレスにBCC（Blind Carbon Copy）で募集情報を一斉に送信して募集を行う場合など、形式的には1人のフリーランスに対して送信したメールであるように見える場合であっても、実質的に発注事業者から複数の宛先に送信しており、広く募集しているといえる場合には、募集情報の的確表示義務を遵守する必要があります（Q＆A85）。

　なお、募集の内容から、専ら、①労働者の募集や、②従業員（法2条1項1号に規定する従業員をいう。）を使用する事業者に業務委託をすることが想定される募集であって、フリーランスに業務委託をすることが想定されない募集は本条の対象となりません。

3．他の事業者に委託した場合

　フリーランスに業務委託をしようとする者が、募集情報等提供事業者などの募集情報のプラットフォームを運営する他の事業者（以下では「他の事業者」という）に委託して広く勧誘する場合も、本法の「募集」に含まれ、的確表示義務の対象となります（Q＆A86）。

　法12条は他の事業者に対して直接、的確表示義務を課すものではありませんが、特定業務委託事業者は、他の事業者に広告等による募集を委託した場合であって他の事業者が虚偽の表示や誤解を生じさせる表示をしていることを認識した場合、他の事業者に対し、情報の訂正を依頼するとともに、他の事業者が情報の訂正をしたかどうか確認を行わなければなりません（Q＆A86）。

　また、フリーランスの募集を終了する場合又は募集の内容を変更する場合には、他の事業者に対して当該情報の提供を終了するよう依頼し、又は当該情報の内容を変更するよう依頼するとともに、他の事業者が当該情報の提供を終了し、又は当該情報の内容を変更したかどうか確認を行わなければなりません。

134

もっとも、情報の訂正や情報の提供の終了等を繰り返し依頼したにもかかわらず他の事業者が訂正等をしなかったとしても、特定業務委託事業者は法12条違反となりません。しかしながら、特定業務委託事業者と他の事業者が結託したり、特定業務委託事業者が事業者としての実態のない第三者（わら人形）を介在させたりして、法12条の規制を不当に逃れるなど特定業務委託事業者が法12条の規制を潜脱する意図をもってした行為については、本条違反となります（パブコメ3-1-21）。

Q4-2 ▶的確表示の対象となる募集情報

募集情報の的確表示義務の対象となる募集情報にはどのような事項がありますか。また、募集情報の提供方法として、具体的にどのような方法をとらなければなりませんか。

A　的確表示義務の対象となる募集情報には、①業務の内容、②業務に従事する場所、期間又は時間に関する事項、③報酬に関する事項、④契約の解除（契約期間の満了後に更新しない場合を含む。）に関する事項、⑤特定受託事業者の募集を行う者に関する事項があります。

また、募集情報の提供方法には、①新聞、雑誌その他の刊行物に掲載する広告、②文書の掲出又は頒布、③書面の交付、④ファクシミリ、⑤電子メール等、⑥放送、有線放送等があります。

解説

1. 的確表示の対象となる募集情報

法12条は、的確表示義務の対象となる募集情報を「業務の内容その他の就業に関する事項として政令で定める事項に係るもの」と定めています。これを受けて、施行令2条は、対象となる募集情報として、①業務の内容、②業務に従事する場所、期間又は時間に関する事項、③報酬に関する事項、④契約の解除（契約期間の満了後に更新しない場合を含む。）に関する事項、⑤特定受託事業者の募集を行う者に関する事項を掲げています。

的確表示義務の対象となる募集情報は、法3条に定める明示事項とほぼ共通していますが、法3条の明示事項にない「契約の解除に関する事項」等が含まれているので、注意が必要です。募集情報の的確表示義務は特定業務委託事業者を対象としているのに対して、法3条は、特定業務委託事業者のみならず、すべての業務委託事業者が対象となります。そのため、的確表示義務の対象となる募集情報は、法3条の義務の対象よりも範囲を広く規定しています（パブコメ3-1-6・7）。

136

さらに、厚労省指針は、的確表示義務の対象となる募集情報の詳しい内容について以下のように解説しています（厚労省指針第2の1(4)）。

「業務の内容」に関する事項とは、業務委託において求められる成果物の内容又は役務提供の内容、業務に必要な能力又は資格、検収基準、不良品の取扱いに関する定め、成果物の知的財産権の許諾・譲渡の範囲、違約金に関する定め（中途解除の場合を除く。）等を指します。

「業務に従事する場所、期間及び時間に関する事項」とは、業務を遂行する際に想定される場所、納期、期間、時間等を指します。

「報酬に関する事項」とは、報酬の額（算定方法を含む。）、支払期日、支払方法、交通費や材料費等の諸経費（報酬から控除されるものも含む。）、成果物の知的財産権の譲渡・許諾の対価等を指します。

「契約の解除（契約期間の満了後に更新しない場合を含む。）に関する事項」とは、契約の解除事由、中途解除の際の費用・違約金に関する定め等を指します。ここで、中途解除の際の費用・違約金に関する定めを募集情報に加えたのは、フリーランスから契約解除を申し出た場合、発注事業者が中途解除の際の費用又は違約金の支払をフリーランスに求めて解除の申出を撤回させる事例が少なくないからです。なお、「契約期間の満了後に更新しない場合」とは、例えば、契約期間満了後に自動更新することとされている契約において、不更新となる事由を表示する場合が想定されます（パブコメ3-1-9）。

「特定受託事業者の募集を行う者に関する事項」とは、募集を行う特定業務委託事業者の名称、所在地、業績等を指します。

2. 募集情報の提供方法

法12条は、募集情報の提供方法を「新聞、雑誌その他の刊行物に掲載する広告、文書の掲出又は頒布その他厚生労働省令で定める方法」と規定しています。これを受けて、厚労省規則は、募集情報の提供方法として、①新聞、雑誌その他の刊行物に掲載する広告、②文書の掲出又は頒布、③書面の交付、④ファクシミリ、⑤電子メール等、⑥放送、有線放送等を掲げています（厚労省規則1条）。

第4章　就業環境の整備 —— 137

文書とは、フリーランスが募集に応ずる意思決定をするに当たっての資料となるものをいい、単に文字で記されているもののみではなく、写真、絵、図も含まれます。頒布とは、文書、資料等を広く、多くの場合不特定多数の者に対して配布することをいいます。

また、⑤に掲げる「電子メール等」とは「電子メールその他のその受信する者を特定して情報を伝達するために用いられる電気通信」をいいます。具体的には電子メールのほかSNS（ソーシャル・ネットワーク・サービス）等のメッセージ機能等を利用した電気通信が該当します。

⑥の「放送、有線放送等」とは、著作権法2条1項8号に規定する放送、同項9号の2に規定する有線放送又は同項9号の5イに規定する自動公衆送信装置その他電子計算機と電気通信回線を接続してする方法その他これらに類する方法をいい、具体的には、テレビやラジオ、インターネット上のオンデマンド放送や自社のホームページ、クラウドソーシングサービス等が提供されるデジタルプラットフォーム等が該当します（厚労省指針第2の1⑶）。

3. 募集情報提供の中で明示すべき事項

特定業務委託事業者が広告等によりフリーランスの募集に関する情報を提供するに当たっては、的確表示義務の対象となる募集情報の事項は、法3条で明示が義務付けられている明示事項のように必ずしもすべてを明示しなければならないものではありません。

しかし、インターネット等で犯罪実行者の募集（いわゆる「闇バイト」の募集）が行われる事案が見られ、その中には、通常の募集情報と誤解を生じさせるような広告等も見受けられる状況が発生しています。これを踏まえ、募集情報の中でも、①フリーランスの募集を行う者の氏名又は名称、②住所（所在地）、③連絡先、④業務の内容、⑤業務に従事する場所、⑥報酬の6情報を欠くものについては「誤解を生じさせる表示」に該当するものとして、法12条違反となります（令和6年12月18日雇均総発1218第2号・雇均在発1218第1号、Q＆A89）。また、実態として特定業務委託事業者に当たらない仲介事業者を通じてフリーランスに対する

業務委託の募集を行う場合には、当該仲介事業者に対し、上記①～⑥の6情報が掲載されるよう依頼する必要があります。（Q&A89）。

　上記6情報以外の情報であっても、当事者間の募集情報に関する認識の齟齬を可能な限りなくすることで、当該募集情報に適するフリーランスが応募しやすくなり、業務委託後の取引上のトラブルを未然に防ぐことができることが期待できるので、上記1の「的確表示の対象となる募集情報」に掲げている事項を可能な限り提供することが望ましいです。あわせて、募集に応じた者に対しても上記の事項を明示するとともに、当該事項を変更する場合には変更内容を明示することが望ましいといえます（厚労省指針第2の5）。

Q4-3 ▶的確表示義務の内容

法12条が特定業務委託事業者に対して課している的確表示義務の具体的内容を教えてください。

A 特定業務委託事業者はフリーランスの募集情報を提供するに当たって、虚偽の表示又は誤解を生じさせる表示をしてはなりません。意図して募集情報と実際の就業に関する条件を異ならせた場合や実際には存在しない業務に係る募集情報を提供した場合等は、「虚偽の表示」に該当します。フリーランスの募集と労働者の募集が明確に区別できない表示のように、意図せずに、一般的・客観的に誤解を生じさせるような表示は、「誤解を生じさせる表示」に該当します。

また、特定業務委託事業者は、フリーランスの募集を終了した場合又は募集の内容を変更した場合、当該募集に関する情報の提供を速やかに終了し、又は当該募集に関する情報を速やかに変更するなど、フリーランスの募集に関する情報を正確かつ最新の内容に保つために必要な措置を講じなければなりません。

解説

1．募集情報に係る虚偽の表示の禁止

特定業務委託事業者は、広告等によりフリーランスの募集に関する情報を提供するに当たっては、虚偽の表示をしてはなりません。「虚偽の表示」とは、意図して募集情報と実際の就業に関する条件を異ならせた場合や実際には存在しない業務に係る募集情報を提供した場合をいいます（厚労省指針第2の2(1)）。

厚労省指針は、虚偽の表示として、以下の具体例を挙げています。

①実際に業務委託を行う事業者とは別の事業者の名称で業務委託に係る募集を行う場合

②契約期間を記載しながら実際にはその期間とは大幅に異なる期間の契約期間を予定している場合

● 140

③報酬額を表示しながら実際にはその金額よりも低額の報酬を予定
している場合

④実際には業務委託をする予定のないフリーランスの募集を出す場
合

などがこれに該当します（厚労省指針第2の2(1)）。

なお、当事者間の合意に基づき、募集情報から実際の契約条件を変更
することとなった場合は虚偽の表示には該当しません（厚労省指針第2
の2(2)）。これは、両当事者が通常の契約交渉過程を経て、実際の契約条
件を変更する場合までも法12条違反とするものではないという趣旨です。
しかし、特定業務委託事業者において募集情報から実際の契約条件を変
更することが常態化している場合は、募集情報が的確に表示されていな
い可能性が高いと考えられます（パブコメ3-1-18）。

2．募集情報に係る誤解を生じさせる表示の禁止

特定業務委託事業者は、広告等によりフリーランスの募集に関する情
報を提供するに当たって、誤解を生じさせる表示をしてはなりません。

意図せず誤って表示した場合は虚偽の表示にあたりませんが、一般的・
客観的に誤解を生じさせるような表示は、誤解を生じさせる表示に該当
します（Q＆A87）。

募集情報の中でも、①募集を行う者の氏名又は名称、②住所（所在地）、
③連絡先、④業務の内容、⑤業務に従事する場所、⑥報酬の6情報を欠
くものについては「誤解を生じさせる表示」に該当します（Q＆A89）。

特定業務委託事業者は、フリーランスに募集情報につき誤解を生じさ
せることのないよう、次に掲げる事項に留意する必要があります（厚労
省指針第2の3(2)）。

①関係会社を有する者がフリーランスの募集を行う場合、業務委託
を行う予定の者を明確にし、当該関係会社と混同されることのな
いよう表示しなければならないこと

②フリーランスの募集と労働者の募集が混同されることのないよう
表示しなければならないこと

第4章　就業環境の整備 —— 141

③報酬額等について、実際の報酬額等よりも高額であるかのように表示してはならないこと

④職種又は業種について、実際の業務の内容と著しく乖離する名称を用いてはならないこと

なお、フリーランス等の請負契約の受注者の募集であるにも関わらず、それを明示せず、雇用契約を前提とした労働者の募集であるかのような誤解を生じさせる表示をした場合は、労働者の募集等に関する情報の的確な表示を義務付けている職安法5条の4違反となる可能性があります。他方で、雇用契約を前提とした労働者の募集であることを明示せず、フリーランスの募集であるかのような誤解を生じさせる表示をした場合は、フリーランスの募集に関する的確表示を義務付けている法12条違反となる可能性があります（Q&A88）。

3．募集情報に係る正確かつ最新の内容

特定業務委託事業者は、フリーランスの募集に関する情報を正確かつ最新の内容に保つために必要な措置を講じなければなりません。

厚労省指針は必要な措置の具体例として、以下の例を挙げています（厚労省指針第2の4）。

①フリーランスの募集を終了した場合又は募集の内容を変更した場合には、当該募集に関する情報の提供を速やかに終了し、又は当該募集に関する情報を速やかに変更すること。

②広告等により募集することを他の事業者に委託した場合には、当該他の事業者に対して当該情報の提供を終了するよう依頼し、又は当該情報の内容を変更するよう依頼するとともに、当該他の事業者が当該情報の提供を終了し、又は当該情報の内容を変更したかどうか確認を行わなければなりません。

③フリーランスの募集に関する情報を提供するに当たっては、当該情報の時点を明らかにしなければなりません。なお、広告等により募集することを他の事業者に委託した場合、情報の時点をどう捉えるかが問題になります。この点、労働者に対する的確表示義

務が問題となる場合を参考にすると、情報の時点としては、当該
他の事業者がフリーランスの募集を行う者から情報の提供の依頼
があった日を示すほかにも、フリーランスの募集に関する情報の
提供を開始した時点が考えられます。

　なお、①～③はあくまで例示であり、これらの方法によらない措置を
講ずることも可能です。例えば、短時間のCM（コマーシャルメッセー
ジ）のように情報の時点の明示が困難である場合には、情報の時点の表
示がなかったことをもって的確表示義務違反となるわけではありません
が、募集情報が更新された場合にはCMの内容を更新する等、厚労省指
針において例示されている措置以外の方法で募集情報を正確かつ最新の
内容に保つ必要があります（パブコメ3-1-23）。

第4章　就業環境の整備 —— 143●

第2節　妊娠、出産若しくは育児又は介護に対する配慮（法13条）

Q4-4 ▶ 配慮義務を設けた理由と概要

フリーランス法は、特定業務委託事業者に対して、フリーランスの申出に応じて育児介護等の状況に応じた必要な配慮を義務づけていますが、こうした規定を設けた理由は何でしょうか。また、配慮義務の内容について教えてください。

A 　フリーランスの育児介護等については、フリーランス当事者や関係団体等から、育児介護等がしやすい環境の整備を求める声がありました。法13条は、6か月以上継続して業務委託が行われる場合、フリーランスの多様な働き方に応じて、特定業務委託事業者が柔軟に配慮を行うことにより、フリーランスが育児介護等と両立しながら、その有する能力を発揮しつつ業務を遂行できる環境を整備することを目的として設けられたものです。

フリーランスの申出を要件としたのは、育児介護等の必要性は個々人の事情や意向が異なっているので、まずは、フリーランスからの申出を契機として特定業務委託事業者に必要な配慮を求めることとしました。そのため、配慮義務は、特定業務委託事業者が、フリーランスの申出を受けて、提供する役務等の性質、特定業務委託事業者の状況に応じて、必要と認められる措置を講じることを内容としています。

なお、6か月未満の業務委託の場合であっても、特定業務委託事業者は必要な配慮を行うよう努めなければなりません。

解説

1．配慮義務を設けた理由

法13条は、6か月以上継続して業務委託が行われている

144

場合（継続的業務委託）、特定業務委託事業者が、その行う業務委託の相手方であるフリーランスからの申出に応じて、当該フリーランス（法2条1項2号に掲げる法人である場合にあっては、その代表者）が妊娠、出産若しくは育児又は介護（以下「育児介護等」という。）と両立しつつ当該業務委託に係る業務に従事することができるよう、その者の育児介護等の状況に応じた必要な配慮を行うよう求めるものです。

　法13条1項は、6か月以上業務委託をする場合に特定業務委託事業者に対して必要な配慮を義務づけるものですが、同条2項は、6か月未満の場合であっても、特定業務委託事業者は必要な配慮を行うよう努めることとしています。

　この規定は、フリーランスの育児介護等については、フリーランス当事者や関係団体等から、育児介護等がしやすい環境の整備を求める声があり、また、育児介護等と仕事の両立ができない場合、取引活動の中断や市場からの撤退につながるおそれがあることから、フリーランスの多様な働き方に応じて、特定業務委託事業者が柔軟に配慮を行うことにより、フリーランスが、育児介護等と両立しながら、その有する能力を発揮しつつ業務を遂行できる環境を整備することを目的として設けられたものです（参院本会議令和5年4月21日・後藤茂之国務大臣、Q＆A90）。

　フリーランスの申出を要件としたのは、育児介護等について個々人の事情や意向が異なり、業務との両立に向けた配慮が必要かどうかについて、まずはフリーランスが判断するのが適切であり、フリーランスからの申出を契機として特定業務委託事業者に必要な配慮を求めることとしました（参院本会議令和5年4月21日・後藤茂之国務大臣）。

　法13条の規定に基づき育児介護等に対する配慮の申出ができるものは、特定業務委託事業者と業務委託に係る契約を締結しているフリーランスであって育児介護等と両立しつつ業務に従事するものです。現に育児介護等を行うものでなくとも、育児介護等を行う具体的な予定のあるものも含まれます（厚労省指針第3の1(6)）。具体的には、例えば講師やインストラクターなど、決まった時間や場所で働く者が考えられ、これらの者について、就業日や時間を変更したり、オンラインで働いたりできる

ようにするといった配慮が想定されます（参院内閣委令和5年4月25日・宮本悦子政府参考人）。

なお、事業者間取引においては、取引自由の原則の下、取引内容そのものへの行政の介入は最小限にとどめるべきとの観点から、本法においては、フリーランスが育児介護等について配慮を求めたことに対しての不利益取扱いを禁止する規定を置きませんでした（参院本会議令和5年4月21日・後藤茂之国務大臣）。

2．配慮義務の内容

ここでいう配慮義務は、特定業務委託事業者が、フリーランスの申出を受けて、フリーランスが提供する役務等の性質、特定業務委託事業者の状況等に応じて、必要な措置を行うことを内容としています。フリーランスが申し出た措置を必ず実行することを求めるものではありませんが、正当な理由なく、何らの対応もしない場合は、配慮義務に違反することになります。

特定業務委託事業者が配慮としていかなる措置を講じるかについては、フリーランスの申出を受け、交渉することを通じて、具体的に特定されることになります。措置の具体的内容についてはQ4-7を参照してください。

フリーランスの申出から配慮措置にいたるまでのプロセスは、申出の内容を把握し、取り得る選択肢を検討し、実施可能な配慮措置の内容を伝える一連の過程が想定されます。やむを得ない事由から実施できない場合は、実施できない理由を説明しなければなりません。

例えば、次頁の図に示したように、フリーランスから、子の急病により予定した作業時間の確保が難しくなったため、納期を短期間繰り下げたいという申出があったとします。特定業務委託事業者は申出の内容を把握して、関係者と相談して取り得る選択肢を検討します。そのうえで、納期の変更を提案することになります。

申出から配慮までのプロセス

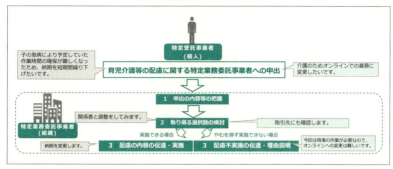

〔内閣官房新しい資本主義実現会議・公正取引委員会・中小企業庁・厚生労働省「説明資料」（令和6年6月版）から〕

Q4-5 ▶ 継続的業務委託の意味

特定業務委託事業者が配慮義務を負うのは、6か月以上の業務委託をする場合（「継続的業務委託」）ですが、なぜ6か月以上の継続的業務委託を要件としたのでしょうか。また、「継続的業務委託」の期間の算定方法を教えてください。

A 　特定業務委託事業者が配慮義務を負うのは、単一の業務委託を6か月以上行う場合又は基本契約の期間が6か月以上の場合、さらに、業務委託に係る契約を更新することにより通算して6か月以上業務委託をする場合（「継続的業務委託」）です。その期間を6か月とした理由ですが、2023（令和5）年の内閣官房調査によれば、フリーランスに対する業務委託において一つの取引先と継続して取引する傾向のあるもののうち6か月程度以上が6割と過半数を超えていることなどを踏まえています。

継続的業務委託の期間は始期及び終期の間の期間をいいますが、始期及び終期は、①単一の業務委託又は基本契約による場合、②契約の更新により継続して行うこととなる場合によって異なります。

解説　1．政令で定める期間は6か月

　法13条は、特定業務委託事業者が配慮義務を負うのは、「政令で定める期間」以上業務委託をする場合（「継続的業務委託」）としています。施行令3条はこの期間を6か月としています。

継続的業務委託の期間を6か月以上とした理由ですが、厚労省検討会において、①中途解除された場合の生活等への影響や、母性保護や育児・介護のニーズを踏まえれば、短い期間とすべきという意見、②短い期間とした場合には、発注者の過度な負担やフリーランスへの発注控えの懸念があるといった意見、③短い期間とする場合には、空白期間（前の業務委託に係る契約又は基本契約が終了した日の翌日から、次の業務委託

●148

に係る契約又は基本契約を締結した日の前日までの期間）とのバランス
も考えるべきであるとの意見があったことや、2023（令和5）年度フリー
ランス実態調査において、フリーランスにとって取引継続の傾向があ
ると感じられる取引の期間について、6か月程度以上を集計した場合、計
6割程度と、過半数を超えていることなどを踏まえ、6か月としました
（パブコメ3-2-17～19）。

2．継続的業務委託の期間の算定

　「継続的業務委託」は、単一の業務委託を6か月以上行う場合又は業務
委託に係る給付に関する基本的な事項についての契約（以下「基本契約」
という）の期間が6か月以上の場合のほか、契約の更新により通算して
6か月以上の期間継続して行うこととなる業務委託も対象となります。継
続的業務委託の期間は、始期及び終期の間の期間をいいますが、①単一
の業務委託又は基本契約による場合、②契約の更新により継続して行う
こととなる場合によって、始期と終期が異なります。

(1)　単一の業務委託又は基本契約による場合

　継続的業務委託の期間の算定は、業務委託に係る契約を締結した日を
「始期」、業務委託に係る契約が終了する日を「終期」とします（厚労省
指針第3の1(3)）。したがって、「継続的業務委託の相手方である特定受託
事業者」とは、業務委託をした日から6か月以上を経過したフリーラン
スに限るものではなく、6か月を経過せずとも「始期」から「終期」ま
での期間が6か月以上であることが見込まれるフリーランスをいいます
（厚労省指針第3の1(3)）。

　基本契約に基づいて業務委託を行う場合においては、継続的業務委託
の期間の算定は、基本契約を締結した日を「始期」、基本契約が終了する
日を「終期」とします（厚労省指針第3の1(3)）。基本契約を締結する場
合には、当該基本契約が6か月以上の期間を定めていれば、当該基本契
約に基づき行われる個別の業務委託の期間にかかわらず、本条の対象と
なります。

　このように基本契約を単位として期間を算定した理由は、基本契約の

第4章　就業環境の整備 —— 149

契約期間は個別契約が発生し得るものであり、基本契約が開始すれば特定業務委託事業者とフリーランスに一定の関係性が生じると考えられるからです（パブコメ3-2-27）。

　なお、一定期間の「終期」は、給付受領予定日や契約の終了日等の「予定日」で判断しますので、「終期」よりも前または後に実際に給付を受領したとしても、「終期」は変わりません。また、「終期」が定められていない業務委託又は基本契約は継続的業務委託に含まれますが、法3条において、フリーランスに対し業務委託をした場合、当該フリーランスの給付を受領し又は役務の提供を受ける期日（期間を定めるものにあっては、当該期間）等を明示することとなっている点に留意する必要があります。

(2)　契約の更新により継続して行う場合

　契約の更新により継続して行うこととなる業務委託の期間については、最初の業務委託又は基本契約の始期から最後の業務委託又は基本契約の終期までの期間を算定します（厚労省指針第3の1(3)）

　本来、契約の更新とは同一の契約を直ちに再契約することをいいますが、そうしますと、当事者が契約の些細な一部を変更したり、更新前の契約からごく短い空白期間を置いて再契約することにより、本条の適用を免れることとなるおそれがあります。そこで、厚労省検討会は、法13条でいう「契約の更新」をより広く定義しています。

　法13条で定める「契約の更新」とは、①契約の当事者が同一であり、その給付又は役務の提供の内容が少なくとも一定程度の同一性を有し、かつ、②前の業務委託に係る契約又は基本契約が終了した日の翌日から、次の業務委託に係る契約又は基本契約を締結した日の前日までの期間（「空白期間」）の日数が1か月未満であるものをいいます（厚労省指針第3の1(3)）。

　なお、法13条の期間の長さは法5条の対象となる期間（1か月）と異なりますが、期間の始期や終期等の考え方は同じです（Q3-9参照）。

● 150

コラム4　継続的業務委託の期間の具体例

　継続的業務委託の期間の算定方法は以上のとおりですが、少しわかりにくいので、具体例で解説します。

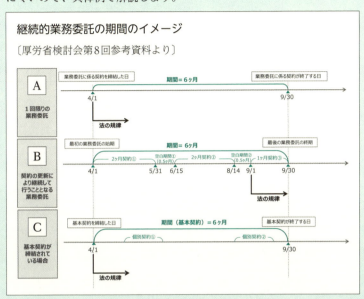

継続的業務委託の期間のイメージ
〔厚労省検討会第8回参考資料より〕

　継続的業務委託の期間を上図のように、【A】1回限りの業務委託、【B】契約の更新により継続して業務委託をする場合、【C】基本契約を締結し、個別に業務委託契約をする場合の三つのパターンに分けて説明します。

　まず、【A】の1回限りの場合は、期間が6か月以上の契約期間を定めた契約を締結した場合は、契約締結のときから、本条の適用があります。

　次に【B】の契約を更新した場合は、前の契約が終了した翌日から次の契約の締結の前日までの空白期間の日数が1か月未満であるとき、最初の契約締結日から空白期間を含めて通算で6か月以上となる契約期間を定めた契約を締結した時点で、本条の適用があります。

　最後に、【C】の基本契約が結ばれて、その下で個別の業務委託契約がなされている場合、当該基本契約の契約期間が6か月以上である場合は、基本契約の締結日から、本条の適用があります。

Q4-6 ▶ 申出をしやすい環境整備と育児、介護の意味

フリーランスが配慮の申出をしやすいようにするためには、特定業務委託事業者はどのような点に留意すべきでしょうか。また、法13条が定める育児・介護とはどのような場合を指すでしょうか。

A 育児介護等に対する配慮が円滑に行われるようにするためには、フリーランスが、速やかに配慮の申出を行い、具体的な調整を開始することができるようにすることが必要です。そのためには、フリーランスが申し出る際の窓口、担当者を周知するなど、申出をしやすいような環境を整備しておくことが重要です。

法13条が定める「育児」とは小学校就学の始期に達するまでの子を養育することをいい、「介護」とは、要介護状態にあるフリーランスの家族の介護その他の世話をすることをいいます。

解説

1. 配慮の申出をしやすい環境整備

法13条の規定に基づく配慮義務は、特定業務委託事業者に対して、フリーランスの申出に応じて、対応を講じることを求めるもので、取引を行う全てのフリーランスの育児介護等の事由を予め把握して配慮することまでを求めるものではありません。

育児介護等に対する配慮が円滑に行われるようにするためには、フリーランスが、速やかに配慮の申出を行い、具体的な調整を開始することができるようにすることが必要です。そのためには、フリーランスが申出をしやすい環境を整備しておくことが重要です。

具体的には、①配慮の申出が可能であることや、配慮を申し出る際の窓口・担当者、配慮の申出を行う場合の手続等を周知すること、②育児介護等に否定的な言動が頻繁に行われるといった配慮の申出を行いにくい状況がある場合にはそれを解消するための取組を行うこと等の育児介

●152

護等への理解促進に努めることが望ましいです（Q＆A92）。

フリーランスからの申出を阻害する特定業務委託事業者の行為は、厚労省指針において「望ましくない取扱い」とされ、行政機関により助言の対象とされています（詳細はQ4-8参照）。

なお、フリーランスから育児介護等に対する配慮の申出を受けた場合には、特定業務委託事業者は、話合い等を通じ、当該フリーランスが求める配慮の具体的な内容及び育児介護等の状況を把握する必要がありますが、申出の内容等にはフリーランスのプライバシーに属する情報もあることから、特定業務委託事業者は当該情報の共有範囲を必要最低限とするなど、プライバシー保護に留意しなければなりません（厚労省指針第3の2(1)イ）。

2. 育児、介護の意味

法13条に定める「育児」とは、小学校就学の始期に達するまでの子を養育することを指し、「子」とはフリーランスと法律上の親子関係がある子をいいます。「育児」に対する配慮の内容については多岐にわたるものであることから、育介法において小学校就学の始期に達するまでの子を対象としている措置が多いことも参考に、特定業務委託事業者の負担も考慮し、「育児」の対象を小学校就学の始期に達するまでの子としています（パブコメ3-2-10）。

フリーランスと法律上の親子関係がある子とは、育介法2条1号に規定する「子」と同様に、養子に加え、養子縁組里親であるフリーランスに委託されている児童等を含みます（厚労省指針第3の1(4)）。この「法律上の親子関係」には、養親及び里親が同性カップルの場合も含まれます（パブコメ3-2-4）。

法13条に定める「介護」とは、要介護状態（負傷、疾病又は身体上若しくは精神上の障害により、2週間以上にわたり常時介護を必要とする状態）にあるフリーランスの家族の介護その他の世話を行うことをいいます（厚労省指針第3の1(5)）。フリーランスの家族とは、育介法2条4号に規定する「対象家族」と同様に、配偶者（婚姻の届出をしていないが、

第4章　就業環境の整備 —— 153

事実上婚姻関係と同様の事情にある者を含む。)、父母、子、配偶者の父母、祖父母、兄弟姉妹又は孫をいいます（厚労省指針第3の1(5)）。

Q4-7 ▶ 特定業務委託事業者による配慮の具体的内容

フリーランスから配慮の申出を受けた場合、特定業務委託事業者は具体的にどのような配慮が必要でしょうか。また、再委託の場合、誰が配慮義務を負うのでしょうか。

A　フリーランスから育児介護等の配慮の申出があった場合、特定業務委託事業者は、①配慮の申出の内容等の把握、②希望する配慮の内容又は取り得る選択肢の検討、③希望する配慮措置を実施する場合は配慮の内容を伝達し実施すること、又は配慮措置を実施しない場合は実施しないことを伝え及びその理由を説明することが必要です。こうした対応をしない場合は、配慮義務違反となる場合があります。

再委託の場合には、元委託事業者は直接に配慮義務を負うことはありませんが、フリーランスからの申出内容について、特定業務委託事業者は当該元委託事業者に対して、配慮の措置について調整を依頼することが望ましいです。

解説　1．配慮の申出を受けた場合の対応

特定業務委託事業者は、フリーランスの申出内容を十分把握することが必要です。申出があったにもかかわらず、フリーランスの申出を無視することは法13条違反となります。その際、申出の内容を共有する者の範囲は必要最小限にするなど、プライバシーの保護に十分注意する必要があります。

次に、フリーランスが希望する配慮措置の内容をふまえて、申出のあった配慮について、関係者と相談してその実現可能性又はこれに代えて取り得る選択肢について検討する必要があります。こうした検討をしないことは法13条違反となり得ます。

さらに、必要な措置が確定したら速やかに申し出たフリーランスに対し、配慮の内容を伝えて、実施しなければなりません。なお、フリーラ

第4章　就業環境の整備 —— 155

ンスの希望する配慮の内容と異なるものの、フリーランスが配慮を必要とする事情に照らし取り得る対応が他にある場合、フリーランスとの話合いを行うなどにより、その意向を十分に尊重した上で、特定業務委託事業者がより対応しやすい方法で配慮を行うことは差し支えありません（厚労省指針第3の2(1)ハ）。

　フリーランスが希望する配慮の内容、選択肢について十分検討した結果、やむを得ず必要な配慮を行うことができない場合は、そのことを直ちに申し出たフリーランスに伝え、実施できない理由を説明しなければなりません。実施できない理由については、必要に応じ、書面の交付や電子メールの送付により行うことも含め、わかりやすく説明する必要があります（厚労省指針第3の2(1)ニ）。

　やむを得ず実施できない場合とは、例えば、①業務の性質、実施体制等を踏まえ困難である場合、②配慮を行うと顧客との間で約束した納期に間に合わないなど契約の目的が達成できない場合が考えられます。

　これに対して、業務の性質や実施体制上対応することが可能であったり、顧客が納期の遅延を受け入れる意向を示しているにもかかわらず、調整が面倒と考えて配慮を実施しないことは、配慮義務違反となります（Q＆A 93）。

2．申出に対する配慮措置の具体例

　特定業務委託事業者が配慮としていかなる措置を講じるかについては、フリーランスの申出を受け、交渉することを通じて、具体的に特定されることになります。

　申出に対する配慮措置について、厚労省指針（第3の2(2)）は以下の具体例を挙げています。ただし、これは例示であって、そうしなければならないというものではありません。フリーランスからの申出に応じて個別的に配慮の措置を決めることが大切です。

　　①妊婦健診がある日について、打合せの時間を調整してほしいとの申出に対し、調整した上でフリーランスが打合せに参加できるようにすること

●156

②妊娠に起因する症状により急に業務に対応できなくなる場合について相談したいとの申出に対し、そのような場合の対応についてあらかじめ取決めをしておくこと

③出産のため一時的に特定業務委託事業者の事業所から離れた地域に居住することとなったため、成果物の納入方法を対面での手渡しから宅配便での郵送に切り替えてほしいとの申出に対し、納入方法を変更すること

④子の急病等により作業時間を予定どおり確保することができなくなったことから、納期を短期間繰り下げることが可能かとの申出に対し、納期を変更すること

⑤介護のために特定の曜日についてはオンラインで就業したいとの申出に対し、一部業務をオンラインに切り替えられるよう調整すること

3．再委託等における配慮

　フリーランスが元委託事業者（他の事業者から業務委託を受けた特定業務委託事業者が、当該業務委託に係る業務の全部又は一部についてフリーランスに再委託をした場合における当該他の事業者をいう。）の事業所において業務を行う場合、元委託事業者が直接に配慮義務を負うことはありませんが、フリーランスからの申出内容について、特定業務委託事業者が当該元委託事業者に対して、配慮の措置について調整を依頼することも個別的対応の一つに含まれます（厚労省指針第3の2(2)）。

第4章　就業環境の整備 —— 157

Q4-8 ▶ 特定業務委託事業者による望ましくない取扱い

法13条は、フリーランスが配慮を申出たことを理由に、特定業務委託事業者が当該フリーランスを不利益に取り扱うことを禁止する定めを置いていませんが、こうした行為について、特定業務委託事業者が留意すべきことがありますか。

A 法13条は、配慮の申出をしたことによる不利益取扱いを禁止する規定を置いていません。しかし、フリーランスが配慮の申出をしたことを理由に、特定業務委託事業者が不利益取扱いを行うことを放置すれば、配慮を求める本条の趣旨を没却しかねません。そこで、厚労省指針（第3の3）は、法13条における申出及び配慮の趣旨を踏まえて、①フリーランスからの申出を阻害する行為、②申出を理由として契約を解除する行為その他の不利益取扱いを「望ましくない取扱い」としています。こうした行為があった場合、行政機関が調査を行い、特定業務委託事業者に助言することがあります。

解説 1．特定業務委託事業者による「望ましくない取扱い」

事業者間取引においては、取引自由の原則の下、取引内容そのものへの行政の介入は最小限にとどめるべきとの観点から、本法においては、フリーランスが育児・介護等について配慮を求めたことに対しての不利益取扱いを禁止する規定を置いていません（参院本会議令和5年4月21日・後藤茂之国務大臣）。

しかし、配慮の申出をしたことを理由に契約の解除などの不利益取扱いを放置すれば、配慮を求める本条の趣旨を没却しかねません。そこで、厚労省指針は、法13条における申出及び配慮の趣旨を踏まえて、特定業務委託事業者による一定の行為は「望ましくない取扱い」に該当するとしています（指針第3の3）。

「望ましくない取扱い」については、法13条違反にはなりませんが、こ

のような取扱いがあった場合には、行政機関（都道府県労働局等）が特定業務委託事業者に対する調査を行った上で助言を行う場合もあるとされています（パブコメ3-2-33）。

　なお、妊娠又は出産等に関して法13条の配慮の申出をしたこと又はこれらの規定による配慮を受けたことに関する言動により就業環境が害されるものについては、法14条における「業務委託における妊娠、出産等に関するハラスメント」に該当しますので、行政上の措置を行うことになります（厚労省指針第3の3、パブコメ3-2-32）。

2．望ましくない取扱いの内容

　厚労省指針は、「望ましくない取扱い」として、①フリーランスからの申出を阻害する行為と、②フリーランスが申出をしたこと又は配慮を受けたことのみを理由に契約の解除その他の不利益な取扱いを行うことを挙げています。

(1)　申出を阻害する行為

　申出を阻害する行為としては、①申出に際して、膨大な書類を提出させる等のフリーランスにとって煩雑又は過重な負担となるような手続を設けること、②特定業務委託事業者の役員又は労働者が、申出を行うことは周囲に迷惑がかかるといった申出をためらう要因となるような言動をすることが挙げられます（厚労省指針第3の3イ）。

(2)　申出をしたこと又は配慮を受けたことのみを理由にした不利益な取扱い

　「不利益な取扱い」としては、①契約の解除を行うこと、②報酬を支払わないこと又は減額を行うこと、③給付の内容を変更させること又は給付を受領した後に給付をやり直させること、④取引の数量の削減、⑤取引の停止、⑥就業環境を害することなどが挙げられます。

　また、「不利益取扱い」に該当するか否かについては、申出をしたこと又は配慮を受けたことのみを「理由として」不利益取扱いをしたことが必要です。厚労省指針は「理由として」とは、申出をしたこと又は配慮を受けたことと不利益取扱いとの間に「因果関係」があることが必要だ

第4章　就業環境の整備 —— 159

としています（指針第3の3）。労働者に対するマタニティハラスメント
に関する行政解釈を参考にすれば、配慮の申出をしたこと又は配慮を受
けたことを「契機として」不利益取扱いを行った場合は、原則として「理
由として」いると解されます。

　具体的に、特定業務委託事業者のどのような行為が「不利益取扱い」
に該当するかは個別に判断しなければなりません。例えば、育児等のた
めにこれまでよりも短い時間で業務を行うこととなったフリーランスに
ついて、就業時間の短縮により減少した業務量に相当する報酬を減額す
ることは不利益な取扱いには該当しません。一方で、フリーランスが育
児等に関する配慮を受けたことを理由として、現に役務を提供しなかっ
た業務量に相当する分を超えて報酬を減額することは、不利益な取扱い
に該当します（厚労省指針第3の3、Q＆A96）。

　なお、報酬の支払期日までに報酬を支払わなかった場合や、法5条に
いう「特定受託事業者の責めに帰すべき事由」がないのに報酬の額を減
ずること等があった場合には、上記指針における不利益取扱いに該当す
る場合があるほか、別途、法4条（報酬の支払期日等）又は法5条（特定
業務委託事業者の遵守事項）の規定に違反し得る場合もあることに留意
が必要です（Q＆A96）。

コラム5 「不利益取扱い」に該当する例と該当しない例

　厚労省指針は、「不利益な取扱い」に該当すると認められる具体例を以
下のように例示しています（厚労省指針第3の3ロ）。
　　①介護のため特定の曜日や時間の業務を行うことが難しくなったた
　　　め、配慮の申出をしたフリーランスについて、別の曜日や時間は
　　　引き続き業務を行うことが可能であり、契約目的も達成できるこ
　　　とが見込まれる中、配慮の申出をしたことを理由として、契約の
　　　解除を行うこと
　　②フリーランスが出産に関する配慮を受けたことを理由として、現
　　　に役務を提供しなかった業務量に相当する分を超えて報酬を減額

160

すること

③フリーランスが育児や介護に関する配慮を受けたことにより、発注事業者の労働者が繰り返し又は継続的に嫌がらせ的な言動を行い、当該フリーランスの能力発揮や業務の継続に悪影響を生じさせること

一方、「不利益な取扱い」に該当しない具体例は以下のとおりです（厚労省指針第3の3ロ）。

①妊娠による体調の変化によりイベントへの出演ができなくなったフリーランスから、イベントの出演日を変更してほしいとの申出があったが、イベントの日程変更は困難であり、当初の契約目的が達成できないことが確実になったため、その旨をフリーランスと話合いの上、契約の解除を行うこと

②育児のためこれまでよりも短い時間で業務を行うこととなったフリーランスについて、就業時間の短縮により減少した業務量に相当する報酬を減額すること

③配慮の申出を受けて話合いをした結果、フリーランスが従来の数量の納品ができないことが分かったため、その分の取引の数量を削減すること

第4章　就業環境の整備 —— 161

| 第 3 節 | 業務委託に関して行われる言動に起因する問題に関して講ずべき措置等（法14条） |

Q4-9 ▶ ハラスメント対策に係る体制整備義務づけの理由等

法14条は、特定業務委託事業者にハラスメント対策に係る
体制整備を義務づけています。このような義務づけ規定が設
けられた理由とその概要を説明してください。

A フリーランスについても業務遂行中にパワーハラスメントやセ
クシュアルハラスメント等が少なくない割合で発生しています。
フリーランスの場合は、ハラスメントを受けた場合に担当者を変更す
る、組織として抗議するなどの会社組織が行う保護ができず、被害は深
刻化しやすいと考えらます。

このため、フリーランスが安定的に働くことができるよう就業環境を
整備するとの観点から、労働関係法令と同様の枠組みで、特定業務委託
事業者にハラスメントの防止改善措置をとるための体制整備を義務づけ
る規定が整備されました。

解説 1. フリーランスのハラスメントの経験の有無等

公取委・厚労省「フリーランスの業務及び就業環境に関
する実態調査」（令和5年度）によると、取引先の従業員等からのハラス
メントの経験の有無について聞いたところ、「パワハラ（身体的な攻撃、
精神的な攻撃、人間関係からの切り離し、個の侵害）」の経験者が7.1％、
「セクハラ（取引先の従業員等の性的な言動によって就業環境が不快なも
のとなり、あなたの業務の遂行に悪影響が生じるなどしたもの）」の経験
者が1.9％、「セクハラ（取引先の従業員等からの性的な言動に対するあ
なたの反応を理由として仕事上で不利益を受けるなどしたもの）」の経験

●162

者が1.2％となっています。

　フリーランスがハラスメントを受けた場合、個人で仕事をしているため、担当者を変更する、組織として抗議するなど会社組織が行うような保護ができないことに加えて、将来の発注を失うことや契約の解除等の経済上の不利益を被るおそれがあることを懸念するため、被害は深刻化しやすいと考えられます。

2．ハラスメント対策に係る体制整備の義務づけ

　前述の調査結果によっても明らかになったように、フリーランスについても業務遂行中にハラスメントが少なくない割合で発生している実態にあります。

　このため、①セクシュアルハラスメントに係る均等法11条、②妊娠・出産等に関するハラスメントに係る同法11条の3、③パワーハラスメントに係る労推法30条の2の各規定と同様の枠組みで、本法においても、フリーランスが安定的に働くことができるよう就業環境を整備するとの観点から、特定業務委託事業者にハラスメントの防止改善措置をとるための体制整備を義務づける規定が整備されました。

　すなわち、法14条1項において、特定業務委託事業者は、その行う業務委託に係るフリーランス（特定受託業務従事者）に対し、当該業務委託に関して行われるハラスメント（セクシュアルハラスメント、妊娠・出産等に関するハラスメント、パワーハラスメント）に係る言動に起因して就業環境を害すること等のないよう、その者からの相談に応じ、適切に対応するために必要な体制の整備その他の必要な措置を講じなければならないとされました。

　また、同条2項において、相談を行ったこと又は当該相談への対応に協力した際に事実を述べたことを理由として、契約の解除その他の不利益な取扱いをしてはならないとされました。

　①本条が対象とするハラスメントの種類（セクシュアルハラスメント、妊娠・出産等に関するハラスメント、パワーハラスメント）及び各ハラスメントの具体的内容、②ハラスメント対策に係る体制整備の義務づけ

第4章　就業環境の整備 ―― 163

の具体的内容、③相談したこと等に対する不利益取扱いの禁止の内容、④行うことが望ましい取組については、次問（Q4-10）以降で順次説明していきますので、それらを参照してください。

コラム6 ハラスメントに係る措置義務と民事・刑事責任

　フリーランス法に基づくハラスメントに係る措置義務は、ハラスメント発生の未然防止、再発防止を主たる目的とするものです。懲戒等の措置は被害結果に対する責任を負わせるものですが、再発防止措置を併せて講ずることが求められており、ハラスメントに係る措置義務の主たる目的はハラスメント発生の未然防止、再発防止であると言ってよいでしょう。

　うつ病等の被害結果が生じた場合の民事責任については、民法に基づき安全配慮義務違反、不法行為として損害賠償請求がなされ得ることになります。刑事責任については、刑法上の暴行罪、傷害罪等の個々の犯罪の構成要件に該当する場合は責任追及がなされ得ることになります。

　このように、フリーランス法はハラスメント発生の防止を目的とした公法上の措置義務を規定し、ハラスメントによる被害結果については一般法である民法、刑法により民事責任、刑事責任が問われ得るという法構造になっています（下図参照）。

ハラスメント法構造

ハラスメント行為	⟹	被害結果
ハラスメント発生の未然防止を目的		被害（うつ病等）に対する責任
フリーランス法 特定業務委託事業者にハラスメント防止改善の措置をとるための体制整備を義務づけ		**民事責任（民法）** ・損害賠償責任 　行為者：不法行為責任 　企業：安全配慮義務違反　等 **刑事責任（刑法）**行為者 ・暴行罪、傷害罪等
		企業秩序侵害責任 ・懲戒処分　　行為者

164

Q4-10 ▶措置義務の対象となるハラスメント

特定業務委託事業者が必要な措置を講じなければならないハラスメントとして、どのような種類のハラスメントがフリーランス法において定められているのですか。
また、法14条は、なぜ「業務委託に関して行われる」ハラスメントと規定しているのですか。

A 　特定業務委託事業者が必要な措置を講じなければならないハラスメントとして、業務委託における①セクシュアルハラスメント（セクハラ）、②妊娠、出産等に関するハラスメント（マタハラ）、③パワーハラスメント（パワハラ）が定められています。

「業務委託に関して行われる」ハラスメントと規定された理由は、業務委託という契約関係に入ることによって生じ得るハラスメントについての防止改善措置義務である以上、その範囲は「業務委託に関して行われる」ということで画されるハラスメントを対象にする必要があるからです。

解説　1. 対象となるハラスメントの種類

フリーランス法は、特定業務委託事業者が必要な措置を講じなければならないハラスメントとして、次の①から③までの言動（ハラスメント）を規定しています（法14条1項1号～3号）。

①　**業務委託におけるセクシュアルハラスメント（セクハラ）**

性的な言動に対するフリーランス（特定受託業務従事者）の対応によりその者（その者が法2条1項2号に掲げる法人の代表者である場合にあっては、当該法人）に係る業務委託の条件について不利益を与え、又は性的な言動により特定受託業務従事者の就業環境を害すること

②　**業務委託における妊娠、出産等に関するハラスメント（マタハラ）**

フリーランス（特定受託業務従事者）の妊娠又は出産に関する事由で

第4章　就業環境の整備 —— 165●

あって厚生労働省令で定めるものに関する言動によりその者の就業環境
を害すること

③ 業務委託におけるパワーハラスメント（パワハラ）

　取引上の優越的な関係を背景とした言動であって業務委託に係る業務
を遂行する上で必要かつ相当な範囲を超えたものによりフリーランス（特
定受託業務従事者）の就業環境を害すること

　このように、業務委託における①セクハラ、②マタハラ、③パワハラ
が対象となるハラスメントですが、それぞれの具体的な内容については、
Q4-11（セクハラ）、Q4-12（マタハラ）、Q4-13（パワハラ）を参照して
ください。

2.「業務委託に関して行われる」の意義

　業務委託におけるハラスメントは、特定業務委託事業者との間で業務
委託に係る契約を締結したフリーランス（特定受託業務従事者）に対し
て、当該「業務委託に関して行われる」ものが対象となります。

　事業主に雇用管理上必要な措置を講じる義務を課している労働関係法
令（均等法11条1項（セクハラ）、同法11条の3（マタハラ）、労推法30
条の2（パワハラ））においては、「職場において行われる」ハラスメン
トを対象としています。これは、労働契約関係にある事業主の労働者に
対する安全配慮義務の一環として対処すべき立場にある者についての措
置義務である以上、その義務の範囲は労働契約が遂行される「職場にお
いて行われる」ということで画されるハラスメントが対象になるという
意味です。

　「業務委託に関して行われる」ハラスメントと規定された理由は、労働
関係法令において「職場において行われる」ということで画されるハラ
スメントが対象とされたことと同様のものです。すなわち、特定業務委
託事業者のフリーランス（特定受託業務従事者）に対するハラスメント
に関しても、業務委託という契約関係に入ることによって、特定業務委
託事業者及びその従業員とフリーランス（特定受託業務従事者）に関係
性が生じ、その関係性に起因してハラスメントが生じ得ることから、防

止改善のための措置義務を特定業務委託事業者に負わせるものである以上、その義務の範囲は「業務委託に関して行われる」ということで画されるハラスメントを対象にする必要があったからです。

このような規定ぶりからすると、時間軸の観点から、契約締結前の交渉段階や契約関係終了後のハラスメントが措置義務の対象外となるのは、その是非は別として、やむを得ません。

なお、契約締結後のフリーランス（特定受託業務従事者）について、次の契約締結に関連する言動も含め、その業務委託を遂行する場所又は場面において行われる就業環境を害するものなどは、ハラスメントに該当するとされています（「フリーランス・事業者間取引適正化等法」パンフレット（内閣官房ほか）22頁）。

また、場所に関して、「業務委託に関して行われる」とは、フリーランス（特定受託業務従事者）が当該業務委託に係る業務を遂行する場所又は場面で行われるものをいい、当該フリーランスが通常業務を遂行している場所以外の場所であっても、当該フリーランスが業務を遂行している場所については含まれるとされています（厚労省指針第4の1(4)）。これは労働関係法令の場合と同様の考え方であり、例えば、取引先の事務所、取引先と打合せをするための飲食店、顧客の自宅等であっても、当該フリーランスが業務を遂行する場所又は場面と認められる場合であれば、これに該当するとされています（パブコメ3-3-6）。

3. ハラスメント行為に伴う報酬の不払い、減額等

業務委託におけるハラスメントに該当し得る場合において、報酬の支払期日までに報酬を支払わなかった場合や、フリーランスの責めに帰すべき事由がないのに報酬の額を減ずること等もあった場合には、別途、法4条（報酬の支払期日等）又は法5条（特定業務委託事業者の遵守事項）の規定に違反し得る場合もあることに留意が必要です（厚労省指針第4の1(5)）。

第4章　就業環境の整備 —— 167

Q4-11 ▶ 業務委託におけるセクシュアルハラスメントの内容

特定業務委託事業者が必要な措置を講じなければならないハラスメントの一つである「業務委託におけるセクシュアルハラスメント」とは、どのような内容のものをいうのでしょうか。

性的な言動の行為主体について、他のハラスメントと違いがあるのでしょうか。

A 「業務委託におけるセクシュアルハラスメント」には、①性的な言動を拒否したこと等に対し契約解除、報酬減額等の不利益を受けさせる「対価型セクシュアルハラスメント」と、②性的な言動により就業上看過できない程度の支障が生じる「環境型セクシュアルハラスメント」があります。

性的な言動（セクハラ）の行為主体には、特定業務委託事業者又はその雇用する労働者に限らず、特定業務委託事業者の取引先等の他の事業者や、協力して業務を遂行する他の個人事業者、顧客等もなり得ます。

なお、特定業務委託事業者の取引先等の他の事業者等について、パワハラとマタハラでは行為主体とされておらず、他の事業者等によるパワハラとマタハラについては、措置義務ではなく、望ましい取組として取り組むこととすると位置づけられています。

解説

1．業務委託におけるセクシュアルハラスメントの類型等

業務委託におけるセクシュアルハラスメントとしては、①「対価型セクシュアルハラスメント」（性的な言動に対する対応により、業務委託の条件につき不利益を受けるもの）と、②「環境型セクシュアルハラスメント」（性的な言動により就業環境が害されるもの）が規定されています（法14条1項1号）。均等法11条1項と同様の規定ぶりです。

なお、業務委託におけるセクシュアルハラスメントには、同性に対す

168

るものも含まれます。また、被害を受けた者の性的指向又は性自認にかかわらず、当該者に対する業務委託におけるセクシュアルハラスメントも対象となるものとされています（厚労省指針第4の2(1)）。

2．性的な言動と行為主体

「性的な言動」とは、性的な内容の発言及び性的な行動を指し、この「性的な内容の発言」には、性的な事実関係を尋ねること、性的な内容の情報を意図的に流布すること等が、「性的な行動」には、性的な関係を強要すること、必要なく身体に触ること、わいせつな図画を配布すること等が、それぞれ含まれるとされています（厚労省指針第4の2(2)）。

性的な言動の行為主体には、特定業務委託事業者（その者が法人である場合にあってはその役員）又はその雇用する労働者に限らず、業務委託に係る契約を遂行するに当たり関係性が発生する者（例えば、元委託事業者を含む特定業務委託事業者の取引先等の他の事業者（その者が法人である場合にあってはその役員）又はその雇用する労働者、業務委託に係る契約上協力して業務を遂行することが想定されている他の個人事業者、顧客等）もなり得るとされています（厚労省指針第4の2(2)）。

これは、均等法11条の「職場におけるセクシュアルハラスメント」に係る指針2(4)において、「当該言動を行う者には、労働者を雇用する事業主（その者が法人である場合にあってはその役員）、上司、同僚に限らず、取引先等の他の事業主又はその雇用する労働者、顧客、患者又はその家族、学校における生徒等もなり得る。」とされていることと同様の考え方に基づくものです。

したがって、特定業務委託事業者は、その取引先等の他の事業者や、協力して業務を遂行する他の個人事業者等から、フリーランス（特定受託業務従事者）がセクハラを受けた場合は、事案の迅速な事実確認や配慮措置等の必要な措置を講じなければなりません。他の事業者等からのハラスメントについては、パワハラとマタハラでは措置義務ではなく望ましい取組とされていますので、その違いに留意する必要があります（Q4-16参照）。

第4章　就業環境の整備 —— 169

3．対価型セクシュアルハラスメント

「対価型セクシュアルハラスメント」とは、業務委託に関して行われるフリーランス（特定受託業務従事者）の意に反する性的な言動に対するフリーランスの対応により、当該フリーランスが契約の解除、報酬の減額、取引数量の削減、取引の停止等の不利益を受けることをいうとされています（厚労省指針第4の2(3)）。

典型的な例として、次のようなものが示されています（厚労省指針第4の2(3)）。

①特定業務委託事業者がフリーランス（特定受託業務従事者）に対して性的な関係を要求したが、拒否されたため、当該フリーランスとの契約を解除すること。

②特定業務委託事業者の雇用する労働者が事業所内において日頃からフリーランス（特定受託業務従事者）に係る性的な事柄について公然と発言していたが、抗議されたため、当該フリーランスの報酬を減額すること。

4．環境型セクシュアルハラスメント

「環境型セクシュアルハラスメント」とは、業務委託に関して行われるフリーランス（特定受託業務従事者）の意に反する性的な言動によりフリーランスの就業環境が不快なものとなったため、能力の発揮に重大な悪影響が生じる等当該フリーランスが就業する上で看過できない程度の支障が生じることをいうとされています（厚労省指針第4の2(4)）。

典型的な例として、次のようなものが示されています（厚労省指針第4の2(4)）。

①就業場所において特定業務委託事業者の雇用する労働者がフリーランス（特定受託業務従事者）の腰、胸等に度々触ったため、当該フリーランスが苦痛に感じてその就業意欲が低下していること。

②元委託事業者の雇用する労働者が当該元委託事業者の事業所において就業するフリーランス（特定受託業務従事者）に係る性的な内容の情報を意図的かつ継続的に流布したため、当該フリーランスが苦

痛に感じて仕事が手につかないこと。

(参考)

【セクハラ】セクシュアルハラスメント	対価型	性的な言動に対するフリーランスの対応により、契約の解除等の不利益を受けること。 (例) フリーランスに対し性的な関係を要求したが拒否されたため、フリーランスとの契約を解除すること。
	環境型	フリーランスの就業環境が不快なものとなり、能力の発揮に重大な悪影響が生じること。 (例) 発注事業者の雇用する従業員が、同じ事業所において就業するフリーランスに関係する性的な内容の情報を意図的かつ継続的に広めたため、フリーランスが苦痛に感じて仕事が手につかないこと。

〔「フリーランス・事業者間取引適正化等法」パンフレット（内閣官房ほか）〕

Q4-12 ▶業務委託における妊娠、出産等に関するハラスメントの内容

特定業務委託事業者が必要な措置を講じなければならないハラスメントの一つである「業務委託における妊娠、出産等に関するハラスメント」（マタハラ）とは、どのような内容のものをいうのでしょうか。

A 「業務委託における妊娠、出産等に関するハラスメント」には、①妊娠したこと、出産したこと、妊娠又は出産に起因する症状により業務委託に係る業務を行えないこと等や業務の能率が低下したことに関する言動により就業環境が害される「状態への嫌がらせ型」と、②妊娠、出産に関して法13条の規定による配慮の申出をしたこと又はこれらの規定による配慮を受けたことに関する言動により就業環境が害される「配慮申出等への嫌がらせ型」があります。

解説

1. 業務委託における妊娠、出産等に関するハラスメントの類型

「業務委託における妊娠、出産等に関するハラスメント」（マタニティハラスメント）とは、「特定業務委託事業者等」から行われる次の二つの類型のものをいうとされています（法14条1項2号、厚労省規則2条、厚労省指針第4の3(1)）。

① 「状態への嫌がらせ型」

フリーランス（特定受託業務従事者）が、(i)妊娠したこと、(ii)出産したこと、(iii)妊娠又は出産に起因する症状により業務委託に係る業務を行えないこと若しくは行えなかったこと又は当該業務の能率が低下したこと（以下「妊娠したこと等」という）に関する言動により就業環境が害されるものをいいます。

職場におけるマタニティハラスメント（均等法11条の3）の「状態への嫌がらせ型」に対応するものです。

● 172

② 「配慮申出等への嫌がらせ型」

フリーランス（特定受託業務従事者）が、妊娠又は出産に関して法13条1項若しくは2項の規定による配慮の申出をしたこと又はこれらの規定による配慮を受けたことに関する言動により就業環境が害されるものをいいます。

職場におけるマタニティハラスメントの「制度等の利用への嫌がらせ型」に対応するものですが、フリーランスには労基法の産前休業、軽易な業務への転換、育児時間等の規定が適用されないため、フリーランスに適用される法13条の妊娠、出産に対する配慮の申出等に関するハラスメントが該当するものとされています。

2. 行為主体等

行為主体については、厚労省指針第4の3(1)において、「特定業務委託事業者等」から行われるものとされています。

「特定業務委託事業者等」については、厚労省指針第4の2(2)において、「特定業務委託事業者（その者が法人である場合にあってはその役員。）又はその雇用する労働者（以下「特定業務委託事業者等」という。）」とされていることから、特定業務委託事業者（その者が法人である場合にあってはその役員）又はその雇用する労働者を意味することになります。

したがって、行為主体については、セクシュアルハラスメントの場合のように、業務委託に係る契約を遂行するに当たり関係性が発生する者（例えば、他の事業者等、顧客等）までは広がっておらず、特定業務委託事業者とその雇用する労働者に限られます。このように、他の事業者等、顧客等からの言動については、措置義務の対象とはなっていないものの、相談に応じ、適切に対応するために必要な体制の整備を図り、被害者への配慮のための取組を行うことが望ましいとされています（Q4-16参照）。

なお、業務分担や安全配慮等の観点から、客観的にみて、業務上の必要性に基づく言動によるものについては、業務委託における妊娠、出産等に関するハラスメントには該当しないとされています（厚労省指針第4の3(1)）。

第4章 就業環境の整備 ── 173

3．状態への嫌がらせ型の典型的な例

次に掲げるものが限定列挙ではないことに留意が必要であるとしたうえで、典型的な例として示されています（厚労省指針第4の3(2)）。

①　妊娠したこと等のみを理由として嫌がらせ等をするもの

「客観的にみて、言動を受けたフリーランス（特定受託業務従事者）の能力の発揮や継続就業に重大な悪影響が生じる等当該フリーランスが就業する上で看過できない程度の支障が生じるようなものが該当する。」との考え方を示したうえで、「フリーランスが妊娠したこと等により、特定業務委託事業者等が当該フリーランスに対し、繰り返し又は継続的に嫌がらせ等（嫌がらせ的な言動又は契約に定められた業務に従事させないことをいう。）をすること」が示されています。

②　妊娠したこと等のみを理由として契約の解除その他の不利益な取扱いを示唆するもの

「特定業務委託事業者等が当該フリーランス（特定受託業務従事者）に対し、妊娠したこと等のみを理由として、業務委託に係る契約の解除、報酬の減額、取引数量の削減、取引の停止等の不利益な取扱いを示唆すること」が示されています。

なお、「妊娠又は出産に起因する症状により役務の提供を休止した場合に、実際に役務の提供を休止した分の報酬の減額について話合いをすることはハラスメントには該当しない。」ことも示されています。

4．配慮申出等への嫌がらせ型の典型的な例

次に掲げるものが限定列挙ではないことに留意が必要であるとしたうえで、典型的な例として示されています（厚労省指針第4の3(3)）。

①　配慮の申出を阻害するもの

「客観的にみて、言動を受けたフリーランス（特定受託業務従事者）の配慮の申出が阻害されるものが該当する。」との考え方を示したうえで、(i)配慮の申出をしたい旨を相談したところ、申出をしないよう言うこと、(ii)配慮の申出をしたところ、申出を取り下げるよう言うこと等が示されています。

②　配慮を受けたことにより嫌がらせ等をするもの

「客観的にみて、言動を受けたフリーランス（特定受託業務従事者）の能力の発揮や継続就業に重大な悪影響が生じる等当該フリーランスが就業する上で看過できない程度の支障が生じるようなものが該当する。」との考え方を示したうえで、特定業務委託事業者等が当該配慮を受けたフリーランスに対し、繰り返し又は継続的に嫌がらせ等をすることが示されています。

③　配慮の申出等のみを理由として契約の解除その他の不利益な取扱いを示唆するもの

フリーランス（特定受託業務従事者）が、配慮の申出をしたい旨を特定業務委託事業者に相談したこと、配慮の申出をしたこと、配慮を受けたことのみを理由として、業務委託に係る契約の解除、報酬の減額、取引数量の削減、取引の停止等の不利益な取扱いを示唆することが示されています。

なお、「配慮を受けたことにより実際に業務量が減少した分の報酬の減額について話合いをすることはハラスメントには該当しない。」ことも示されています。

第4章　就業環境の整備 —— 175

(参考)

【マタハラ】 妊娠・出産等 に関する ハラスメント	状態への 嫌がらせ型	フリーランスが妊娠・出産したこと、つわりなどにより業務を行えないことなどに関する言動により就業環境が害されるもの。 (例) ・妊娠したことなどのみを理由として嫌がらせ等をするもの。 ・妊娠したことなどのみを理由として契約の解除その他の不利益な取扱いを示唆するもの。
	配慮申出 等への 嫌がらせ型	フリーランスが妊娠・出産に関して法第13条の配慮の申出をしたことなどに関する言動により就業環境が害されるもの。 (例) ・申出をしないように言うなど、配慮の申出を阻害するもの。 ・配慮を受けたことにより嫌がらせ等をするもの。 ・配慮の申出等のみを理由として契約の解除その他の不利益な取扱いを示唆するもの。

〔「フリーランス・事業者間取引適正化等法」パンフレット（内閣官房ほか）〕

Q4-13 ▶業務委託におけるパワーハラスメントの内容

特定業務委託事業者が必要な措置を講じなければならないハラスメントの一つである「業務委託におけるパワーハラスメント」（パワハラ）とは、どのような内容のものをいうのでしょうか。

A

業務委託におけるパワーハラスメントとは、業務委託に関して行われる①取引上の優越的な関係を背景とした言動であって、②業務委託に係る業務を遂行する上で必要かつ相当な範囲を超えたものにより、③フリーランス（特定受託業務従事者）の就業環境を害するものをいいます。

解説

1. 業務委託におけるパワーハラスメントの内容

業務委託におけるパワーハラスメントとは、業務委託に関して行われる①取引上の優越的な関係を背景とした言動であって、②業務委託に係る業務を遂行する上で必要かつ相当な範囲を超えたものにより、③フリーランス（特定受託業務従事者）の就業環境が害されるものであり、①から③までの要素を全て満たすものをいうとされています（法14条1項3号、厚労省指針第4の4(1)）。労働者に関するパワハラについて規定している労推法30条の2第1項と同様のものです。

なお、客観的にみて、業務委託に係る業務を遂行する上で必要かつ相当な範囲で行われる適正な指示及び通常の取引行為としての交渉の範囲内の話合いについては、業務委託におけるパワーハラスメントには該当しないとされています（厚労省指針第4の4(1)）。

2. 「取引上の優越的な関係を背景とした」言動とは

業務委託に係る業務を遂行するに当たって、フリーランス（特定受託業務従事者）が当該言動の行為者に対して抵抗又は拒絶することができ

第4章　就業環境の整備 —— 177

ない蓋然性が高い関係を背景として行われるものを指し、例えば、特定業務委託事業者又は契約担当者、事業担当者、成果物の確認・検収者の言動等が含まれるとされています（厚労省指針第4の4(2)）。

特定業務委託事業者及びその雇用する者以外の第三者（他の事業者等）からの言動については、措置義務の対象とはなっていませんが、相談に応じ、適切に対応するために必要な体制の整備を図り、被害者への配慮のための取組を行うことが望ましいとされています（Q4-16参照）。

3．「業務委託に係る業務を遂行する上で必要かつ相当な範囲を超えた」言動とは

社会通念に照らし、当該言動が明らかに特定業務委託事業者の業務委託に係る業務を遂行する上で必要性がない、又はその態様が相当でないものを指し、例えば、業務の目的を大きく逸脱した言動、業務を遂行するための手段として不適当な言動等が含まれるとされています（厚労省指針第4の4(3)）。

この判断に当たっては、様々な要素（当該言動の目的、当該言動を受けたフリーランス（特定受託業務従事者）の責めに帰すべき事由の有無や内容・程度を含む当該言動が行われた経緯や状況、業種・業態、業務の内容・性質、当該言動の態様・頻度・継続性、行為者との関係性、通常の取引行為と照らした当該言動の妥当性等）を総合的に考慮することが適当であるとされています（厚労省指針第4の4(3)）。

4．「就業環境を害する」とは

当該言動によりフリーランス（特定受託業務従事者）が身体的又は精神的に苦痛を与えられ、就業環境が不快なものとなったため、能力の発揮に重大な悪影響が生じる等当該フリーランスが就業する上で看過できない程度の支障が生じることを指すとされています（厚労省指針第4の4(4)）。

この判断に当たっては、「平均的なフリーランス（特定受託業務従事者）の感じ方」、すなわち、同様の状況で当該言動を受けた場合に、社会

●178

一般のフリーランスが就業する上で看過できない程度の支障が生じたと感じるような言動であるかどうかを基準とすることが適当であるとされています（厚労省指針第4の4(4)）。

5. 代表的な言動の類型と典型例

　個別の事案についてその該当性を判断するに当たっては、前述3.で総合的に考慮することとした事項のほか、当該言動によりフリーランス（特定受託業務従事者）が受ける身体的又は精神的な苦痛の程度等を総合的に考慮して判断することが必要であるとされています（厚労省指針第4の4(5)）。

　業務委託におけるパワーハラスメントの状況は多様ですが、代表的な言動の類型と、当該言動の類型ごとに、典型的に、該当すると考えられる例、該当しないと考えられる例が、厚労省指針第4の4(5)において示されています。

　特に注目すべきは、厚労省指針第4の4(5)において「経済的ハラスメント」がパワハラに該当し得ることが明確化されたことです。精神的な攻撃の類型において、「契約内容に基づき成果物を納品したにもかかわらず正当な理由なく報酬を支払わないこと又は減額することを、度を超して繰り返し示唆する又は威圧的に迫ること。」が、パワハラに該当すると考えられる例として盛り込まれています（「コラム7「『経済的ハラスメント』と『アムールほか事件』」参照）。

　また、過大な要求の類型において、「明確な検収基準を示さずに嫌がらせのためにフリーランス（特定受託事業者）の給付の受領を何度も拒み、やり直しを強要すること。」が、該当すると考えられる例として盛り込まれていることにも留意すべきでしょう。

　厚労省指針第4の4(5)のそのほかの部分についても、「業務委託に関して行われる」ものであることを踏まえた修正がなされていますが、基本的に、労推法30条の2に基づく「職場におけるパワーハラスメント」指針の2(7)と同様の考え方をベースとしたものです。

第4章　就業環境の整備 —— 179

（参考）

	定義	業務委託に関して行われる①取引上の優越的な関係を背景とした言動であって、②業務委託に係る業務を遂行する上で必要かつ相当な範囲を超えたものにより、③フリーランスの就業環境が害されるものであり、①から③までの要素を全て満たすもの。	
【パワハラ】パワーハラスメント	**身体的な攻撃** （例）殴打・足蹴りを行うこと。 **精神的な攻撃** （例）契約内容に基づき成果物を納品したにもかかわらず正当な理由なく報酬を支払わないことまたは減額することを、度を超して繰り返し示唆するまたは威圧的に迫ること。 **人間関係からの切り離し** （例）一人のフリーランスに対して、発注事業者の雇用する従業員が集団で無視をし、事業所で孤立させること。	**過大な要求** （例）明確な検収基準を示さずに嫌がらせのためにフリーランスの給付の受領を何度も拒み、やり直しを強要すること。 **過小な要求** （例）気に入らないフリーランスに対して嫌がらせのために業務委託契約上予定されていた業務や役割を与えないこと。 **個の侵害** （例）フリーランスを事業所外でも継続的に監視したり、私物の写真撮影をしたりすること。	

〔「フリーランス・事業者間取引適正化等法」パンフレット（内閣官房ほか）〕

コラム 7 「経済的ハラスメント」と「アムールほか事件」

　「経済的ハラスメント（経済的嫌がらせ）」について、パワハラ行為に当たると認めた裁判例として、「アムールほか事件」（東京地判令和4年5月25日労働判例1269号15頁）があります。この事件は、原告が被告会社のウェブ運用、コラム記事の作成等を行ったにもかかわらず、被告代表者が、記事の質が低い等の理由で報酬は要求しないでほしいとしたという事案です。同判決は、「被告代表者の一連の言動は、……（中略）……、本件業務委託契約に基づいて自らの指示のもとに種々の業務を履行させながら、原告に対する報酬の支払を正当な理由なく拒むという嫌がらせにより経済的な不利益を課すパワハラ行為に当たるものと認める

のが相当である。」としています。

アムールほか事件は、フリーランス法制定の際の国会審議でも取り上げられ、政府は、「報酬等の取引条件の引下げに関する言動であってもパワーハラスメントに該当し得る場合が存在するという点を明確化することにつきまして検討してまいりたいと考えております。」としていました（参院内閣委令和5年4月25日・宮本悦子政府参考人）。また、厚労省検討会においても、「「経済的な嫌がらせ」をパワーハラスメントの類型として記載し、明確化することも考えられるのではないか」という意見も出されていました。

このような経緯により、アムールほか事件を踏まえ、厚労省指針第4の4(5)ロ⑤において、「経済的ハラスメント」がパワハラに該当し得ることが明確化されました。

労働契約で働く労働者の賃金については、労基法24条において、①通貨で、②直接労働者に、③その全額を、④毎月1回以上、⑤一定の期日を定めて、支払わなければならないとされており（賃金支払5原則）、違反には罰則が定められています。また、労基法の履行確保のため、労働基準監督官は、是正勧告指導を行うほか、悪質な違反については刑事訴訟法上の特別司法警察員として罰則の適用に向けて捜査、送検を行っています。さらに、賃金の支払の確保等に関する法律に基づき、国が未払賃金の立替払事業も行っています。このように、指揮監督下の労働の対償としての賃金の支払については、確実に行われるための制度上の整備がなされています。これに加えて、「指揮監督下の労働」の意味内容が比較的明確なことも相俟って、労働者に対して賃金を支払わないこと又は減額することを威圧的に迫ることという類型のパワハラはそう多くは生じにくく、生じたとしても、パワハラ問題というよりも直接的に労基法24条違反として対処されています。

これに対して、フリーランスの報酬の支払については、報酬の支払期日の設定と支払義務が法4条で定められたものの、事業者間取引であり、「給付（成果物の提供）」の意味内容が「指揮監督下の労働」の意味内容と比べて明確ではないこともあって、「契約内容に基づき成果物を納品したにもかかわらず正当な理由なく報酬を支払わないこと又は減額することを、度を超して繰り返し示唆する又は威圧的に迫ること」という類型

第4章　就業環境の整備 —— 181

のパワハラが生じやすく、また、このような経済的ハラスメント（経済的嫌がらせ）をパワハラと位置づけその予防改善を図る必要性も強いといえます。

　このようなことから、フリーランスに特に生じやすいパワハラの類型として、「経済的ハラスメント」が厚労省指針で位置づけられ明確化されたものです。

Q4-14 ▶ ハラスメントに関して講ずべき措置の内容

特定業務委託事業者がハラスメントに関して講じなければならない必要な措置とは、どのようなことでしょうか。

A 特定業務委託事業者は、業務委託に関して行われるハラスメントに関し、①方針等の明確化とその周知・啓発、②相談・苦情に応じ適切に対応するために必要な体制の整備、③ハラスメントへの事後の迅速・適切な対応、④併せて講ずべき措置（プライバシー保護、不利益取扱いの禁止等）を講じなければなりません。

解説　1．ハラスメントに関して講ずべき措置の内容

特定業務委託事業者は、業務委託に関して行われるハラスメントに関し、次の措置を講じなければならないとされています（法14条1項、厚労省指針第4の5）。

①方針等の明確化とその周知・啓発
②相談・苦情に応じ適切に対応するために必要な体制の整備
③ハラスメントへの事後の迅速・適切な対応
④併せて講ずべき措置（プライバシー保護、不利益取扱いの禁止等）

2．方針等の明確化とその周知・啓発

(1)　(i)業務委託におけるハラスメントの内容と(ii)業務委託におけるハラスメントを行ってはならない旨の方針を明確化するとともに、これについて特定業務委託事業者の労働者、とりわけ、業務委託に係る契約担当者・事業担当者、成果物の確認・検収を行う者、フリーランス（特定受託業務従事者）と協力して業務を行う者に対し、社内報、社内ホームページ、研修、講習等により周知・啓発することが求められます（厚労省指針第4の5(1)イ）。

(2)　ハラスメント行為者については、厳正に対処する旨の方針と対処

第4章　就業環境の整備 —— 183

の内容を就業規則等の文書に規定するとともに、これについて特定業務委託事業者の労働者、とりわけ、業務委託に係る契約担当者・事業担当者、成果物の確認・検収を行う者、フリーランス（特定受託業務従事者）と協力して業務を行う者に対し、周知・啓発することが求められます（厚労省指針第4の5(1)ロ）。

3. 相談・苦情に応じ適切に対応するために必要な体制の整備

(1) 相談窓口をあらかじめ定め（例えば、相談に対応する担当者をあらかじめ定めることや、外部の機関に相談への対応を委託すること）、フリーランス（特定受託業務従事者）に周知することが求められます。

特定業務委託事業者がその雇用する労働者に関し整備している「職場におけるハラスメント」に係る相談窓口を、業務委託におけるハラスメントについても活用可能とすることでもよいとされています（厚労省指針第4の5(2)イ）。

なお、専用アプリやメール等の対面以外の方法により相談を受け付ける場合には、相談が受け付けられたことをフリーランスが確実に認識できる仕組みとすることが必要であるとされています（厚労省指針第4の5(2)イ）。フリーランスの場合は、労働者と比較して、相談窓口が対面ではない場合も多いことが想定されるからです。

また、相談窓口をフリーランスに周知していると認められる例として、「業務委託契約に係る書面やメール等に業務委託におけるハラスメントの相談窓口の連絡先を記載すること。」が示されています（厚労省指針第4の5(2)イ）。これは、国会審議において「相談窓口等の情報については、例えばフリーランスへの発注時に周知することなどが考えられるわけでありますけれども、関係者の意見を聞き、特定業務委託事業者及びフリーランスの実情に即した周知方法を厚生労働大臣の定める指針等でお示しすることを検討してまいりたいというふうに思います。」（参院内閣委令和5年4月25日・後藤茂之国務大臣）とされていたことを受けてのものです。

(2) 相談窓口の担当者が内容や状況に応じ適切に対応できるようにす

ることが求められます。また、業務委託におけるハラスメントが現実に生じている場合だけではなく、発生のおそれがある場合や、該当するか否か微妙な場合であっても、広く相談に対応することが求められます（厚労省指針第4の5⑵ロ）。

4．ハラスメントへの事後の迅速・適切な対応

特定業務委託事業者は、次の⑴から⑷までの措置を講じなければならないとされています。

⑴ 事実関係を迅速かつ正確に把握すること（厚労省指針第4の5⑶イ）

相談窓口の担当者、人事部門又は専門の委員会等が、相談者と行為者の双方から事実関係を確認すること、また、相談者と行為者との間で事実関係に関する主張に不一致があり、事実の確認が十分にできないと認められる場合には、第三者からも事実関係を聴取する等の措置を講ずること等が、事実関係を迅速かつ正確に確認している例として示されています。

なお、業務委託におけるセクシュアルハラスメントについては、性的な言動の行為者とされる者が他の事業者等である場合には、必要に応じて、他の事業者等に事実関係の確認への協力を求めることも必要となります。

⑵ 事実が確認できた場合には、速やかに被害者に対する配慮のための措置を適正に行うこと（厚労省指針第4の5⑶ロ）

事案の内容や状況に応じ、被害者と行為者の間の関係改善に向けての援助、被害者と行為者を引き離すための被害者の就業場所の変更又は行為者の配置転換、行為者の謝罪、被害者の取引条件上の不利益の回復、事業場内産業保健スタッフ等による被害者のメンタルヘルス不調への相談対応等の措置を講ずること等が、措置を適正に行っていると認められる例として示されています。

⑶ 事実が確認できた場合には、行為者に対する措置を適正に行うこと（厚労省指針第4の5⑶ハ）

就業規則等の規定等に基づき、行為者に対して必要な懲戒等の措置を

第4章　就業環境の整備 —— 185

講じ、あわせて、事案の内容や状況に応じ、被害者と行為者の間の関係改善に向けての援助、被害者と行為者を引き離すための被害者の就業場所の変更又は行為者の配置転換、行為者の謝罪等の措置を講ずること等が、措置を適正に行っていると認められる例として示されています。

⑷ 再発防止に向けた措置を講ずること（厚労省指針第4の5⑶ニ）

業務委託におけるハラスメントを行ってはならない旨の方針と行為者については厳正に対処する旨の方針を、社内報、社内ホームページ、研修、講習等により改めて周知・啓発すること等が、再発防止措置を講じていると認められる例として示されています。

ハラスメントが生じた事実が確認できなかった場合においても、同様の措置を講ずることが求められます。これは、相談対応が求められた背景には就業環境上の何らかの問題が存在しており、ハラスメントの発生・重大化の未然防止の観点からは同様の措置が求められるからです。

なお、業務委託におけるセクシュアルハラスメントについては、性的な言動の行為者とされる者が他の事業者等である場合には、必要に応じて、他の事業者等に再発防止に向けた措置への協力を求めることも必要となります。

5．併せて講ずべき措置（プライバシー保護、不利益取扱いの禁止等）

⑴ 相談者・行為者等のプライバシーを保護するために必要な措置を講じ、労働者に周知することが求められます。なお、相談者・行為者等のプライバシーには、性的指向・性自認や病歴、不妊治療等の機微な個人情報も含まれます（厚労省指針第4の5⑷イ）。

⑵ 事業主に相談したこと、事実関係の確認に協力したこと、厚生労働大臣（都道府県労働局）に対して申出をし適当な措置をとるべきことを求めたこと等を理由として、解雇その他不利益な取扱いをされない旨を定め、労働者に周知・啓発することが求められます（厚労省指針第4の5⑷ロ）。

186

（参考）　ハラスメントに関して講ずべき具体的措置（①〜⑩）

(1)　方針の明確化及びその周知・啓発	①業務委託におけるハラスメントの内容、ハラスメントを行ってはならない旨の方針を明確化し、業務委託に係る契約担当者等を含む労働者に周知・啓発すること。
	②業務委託におけるハラスメントの行為者は、厳正に対処する旨の方針・対処の内容を就業規則等の文書に規定し、業務委託に係る契約担当者等を含む労働者に周知・啓発すること。
(2)　相談（苦情を含む）に応じ、適切に対応するために必要な体制の整備	③相談窓口をあらかじめ定め、特定受託業務従事者に周知すること。
	④相談窓口担当者が、内容や状況に応じ適切に対応できるようにすること。ハラスメントが現実に生じている場合だけでなく、発生のおそれがある場合や、ハラスメントに該当するか否か微妙な場合であっても、広く相談に対応すること。
(3)　業務委託におけるハラスメントへの事後の迅速かつ適切な対応	⑤事実関係を迅速かつ正確に確認すること。
	⑥事実関係の確認ができた場合には、速やかに被害者に対する配慮のための措置を適正に行うこと。
	⑦事実関係の確認ができた場合には、行為者に対する措置を適正に行うこと。
	⑧再発防止に向けた措置を講ずること。
(4)　併せて講ずべき措置	⑨相談者・行為者等のプライバシーを保護するために必要な措置を講じ、労働者及び特定受託業務従事者に周知すること。
	⑩相談したこと、事実関係の確認に協力したこと、都道府県労働局に申出をしたことを理由として、契約の解除その他の不利益な取扱いをされない旨を定め、特定受託業務従事者に周知・啓発すること。

〔Q＆A101〕

Q4-15 ▶ 相談したこと等に対する不利益取扱いの禁止

法14条2項において、フリーランスがハラスメントについて相談したこと等に対する不利益な取扱いが禁止されています。なぜこのような規定が設けられたのですか。また、不利益取扱い禁止規定に違反した場合、どのようになりますか。

A 不利益取扱い禁止規定が設けられた理由は、フリーランスが特定業務委託事業者から不利益な取扱いを受けることを懸念して、業務委託におけるハラスメントに関する相談や、特定業務委託事業者の相談対応に協力して事実を述べることに躊躇することがないようにするためです。

特定業務委託事業者が不利益取扱い禁止規定に違反した場合、フリーランスは、厚労大臣に対し、その旨を申し出て、適当な措置をとるべきことを求めることができます。これを受けて厚労大臣は、違反是正、防止に必要な措置をとるべきことを勧告することができ、特定業務委託事業者が勧告に係る措置をとらないときは公表することができます。

解説 1. 相談したこと等に対する不利益取扱い禁止の理由等

特定業務委託事業者は、フリーランス（特定受託業務従事者）が法14条1項の相談を行ったこと又は特定業務委託事業者による当該相談への対応に協力した際に事実を述べたことを理由として、その者に対し、業務委託に係る契約の解除その他の不利益な取扱いをしてはならないとされています（同条2項）。

これは、フリーランスが特定業務委託事業者から不利益な取扱いを受けることを懸念して、業務委託におけるハラスメントに関する相談や特定業務委託事業者の相談対応に協力して事実を述べることに躊躇することがないよう、特定業務委託事業者がこれらを理由として業務委託に係る契約の解除その他の不利益な取扱いを行うことを禁止することとされ

たものです。

　不利益な取扱いとは、例えば、業務委託契約の解除、業務委託契約の不更新、就業環境を害すること、取引の数量の削減などが考えられます。

　なお、法14条2項に「理由として」と規定されていることから、本項で禁止される「不利益な取扱い」に該当するには、不利益取扱いを行う意思が要件になると解されます。

2．不利益取扱い禁止規定に違反した場合

　フリーランス（特定受託事業者）は、法第3章の規定に違反する事実がある場合には、厚労大臣に対し、その旨を申し出て、適当な措置をとるべきことを求めることができるとされ、厚労大臣は、申出があったときは、必要な調査を行い、その申出の内容が事実であると認めるときは、本法に基づく措置その他適当な措置をとらなければならないとされています（法17条1項・2項）。

　したがって、ハラスメントについて相談したこと等に対して、業務委託契約の解除等の不利益な取扱いを受けたフリーランスは、厚労大臣に対し、その旨を申し出て、適当な措置をとるべきことを求めることができます。

　厚労大臣は、特定業務委託事業者が法14条2項の規定に違反し不利益な取扱いをしたと認めるときは、その違反を是正、防止するために必要な措置をとるべきことを勧告することができるとされていますので（法18条）、事実の確認がなされれば、特定業務委託事業者は違反是正、防止に必要な措置をとるべきことを勧告されることになり得ます。

　法14条（ハラスメント）に係る勧告を受けた者が、正当な理由なく勧告に係る措置をとらなかったときは、その旨を公表することができるとされていますので（法19条3項）、勧告に係る措置をとらないと公表につながることになり得ます。

　なお、厚労大臣の権限は、全国的重要事案を除き、都道府県労働局長に委任されています（厚労省規則8条）。

第4章　就業環境の整備 ── 189

Q4-16 ▶行うことが望ましい取組の内容

ハラスメントに関する特定業務委託事業者の措置義務の対象ではないものの、行うことが望ましい取組が、厚労省指針に盛り込まれています。それはどのような内容ですか。

A 契約交渉中の者に対するハラスメント、他の事業者等からのハラスメント（パワハラ、マタハラ）、顧客等からの著しい迷惑行為（カスハラ）に関し、特定業務委託事業者は、相談に応じ適切に対応するために必要な体制整備、被害者への配慮のための取組等を行うことが望ましいとされています。

解説 1．契約交渉中の者に対するハラスメントに関し行うことが望ましい取組

　法14条の措置義務が業務委託契約関係に入ることによって生じる関係性に起因するハラスメント防止改善措置義務である以上、契約締結前の交渉段階のハラスメントが措置義務の対象外となるのもやむを得ません。

　しかしながら、このようなハラスメントを放置してよいわけはありませんので、契約交渉中の者に対するハラスメントに関し、特定業務委託事業者は次のような取組を行うことが望ましいとされています（厚労省指針第4の6）。

　(1)　特定業務委託事業者は、業務委託関係に入った者に対するハラスメントを行ってはならない旨の方針の明確化等を行う際に、業務委託に係る契約交渉中の者（交渉を現に行っている者、契約に向けて接触した者）に対する言動についても、業務委託におけるハラスメントと同様の方針を併せて示すことが望ましい。

　(2)　業務委託に係る契約交渉中の者から業務委託におけるハラスメントに類すると考えられる相談があった場合には、その内容を踏まえて、必要に応じて適切な対応を行うように努めることが望ましい。

2．他の事業者等からのハラスメント、顧客等からの著しい迷惑行為に関し行うことが望ましい取組

⑴　行うことが望ましい取組の内容

　他の事業者等からのハラスメントについては、セクハラは措置義務の対象となりますが、パワハラとマタハラは措置義務の対象ではありません（Q4-11参照）。

　また、顧客等からの著しい迷惑行為（カスタマーハラスメント）についても、セクハラに該当する場合を除き、措置義務の対象ではありません。

　他の事業者等からのハラスメント（パワハラ、マタハラ）、顧客等からの著しい迷惑行為を放置してよいわけはありませんので、これらのハラスメントに関し特定業務委託事業者は次のような取組を行うことが望ましいとされています（厚労省指針第4の7⑴）。

　(ⅰ)　相談に応じ、適切に対応するために必要な体制の整備

　①相談先をあらかじめ定め、これをフリーランス（特定受託業務従事者）に周知するとともに、②相談を受けた者が、相談に対し、その内容や状況に応じ適切に対応できるようにすることが望ましい。

　また、あわせて、フリーランスが相談をしたことを理由として、契約の解除その他の不利益な取扱いを行ってはならない旨を定め、フリーランスに周知・啓発することが望ましい。

　(ⅱ)　被害者への配慮のための取組

　相談者から事実関係を確認し、他の事業者等からのパワハラやマタハラ、顧客等からの著しい迷惑行為が認められた場合には、速やかに被害者に対する配慮のための取組（例えば、メンタルヘルス不調への相談対応、一人で対応させない等）を行うことが望ましい。

　(ⅲ)　被害を防止するための取組

　他の事業者等からのパワハラやマタハラ、顧客等からの著しい迷惑行為への対応マニュアルの作成や研修の実施等の取組を行うことも有効と考えられる。また、業種・業態等における被害の実態や業務の特性等を踏まえて、それぞれの状況に応じた必要な取組を進めることも、被害の

防止に当たっては効果的と考えられる。

⑵ 元委託事業者等との関係において行うことが望ましい取組の内容

フリーランス（特定受託業務従事者）が、例えば、元委託事業者の事業所で就業する場合や、特定の現場において他の事業者の雇用する労働者や他の個人事業者等と協力して業務を遂行する場合など、特定業務委託事業者以外の者と関係性が生じる場合があります。

このような場合においては、元委託事業者等においてもフリーランスに対するハラスメント対策が重要であることの理解を求めるとともに、元委託事業者等と連携してハラスメント対策を行うことが効果的ですので、例えば、以下のようなフリーランスに対するハラスメント対策を行うことが望ましいとされています（厚労省指針第4の7⑵）。

〔元委託事業者等との関係における取組例〕

① フリーランスが元委託事業者の事業所で就業する場合において、特定業務委託事業者と元委託事業者との間の契約において、元委託事業者もフリーランスに対するハラスメント対策（ハラスメント防止に関する措置やハラスメントが発生した場合の連絡窓口の設定、事実確認等の協力等）を行う旨を規定しておくこと。

② 重層的な業務委託に係る契約であって多数の契約当事者が存在する場合において、フリーランスが就業する場所においてフリーランスに対するハラスメント対策を効果的に行うことができると認められる事業者に対し、直接的又は間接的に協力を求めること（契約や覚書においてハラスメント対策に係る内容を盛り込むことを含む。）。

コラム 8　契約交渉中のハラスメント

　フリーランスに関しては、雇用契約で働く労働者の場合以上に、契約締結前の段階から、構造的な交渉力や情報収集力の格差を背景に、ハラスメントが行われることが多いとの指摘を踏まえ、厚労省検討会において、契約交渉中のハラスメントについて検討が深められました。しかし、厚労省は、条文の規定ぶりから、業務委託に係る契約締結前の者は法14条のハラスメント防止改善措置義務の対象にはならないと解されると整理しました。

　ただし、業務委託契約に係る契約締結前であっても、当該業務委託に係る契約交渉中の者については、組織たる特定業務委託事業者との間で交渉力等の格差が生じやすく、取引上弱い立場に置かれる蓋然性が高いと考えられることから、厚労省はそのような者に対するハラスメント対策を「望ましい取組」として指針に盛り込むこととしました（以上の経緯につき、厚労省検討会第7回議事録等参照）。

　このような経緯で策定された本指針第4の6「業務委託に係る契約交渉中の者に対する言動に関し特定業務委託事業者が行うことが望ましい取組の内容」に記載されている事項は、契約交渉中の者に対する言動に関して、措置義務の対象とするものではないが、契約を締結した者に対する言動と同様に、ハラスメントを行ってはならない等の方針を明確化し、必要に応じて適切な相談対応をすることが望ましいとするものです。これは、職場におけるパワハラ（労推法30条の2第1項）につき策定されている指針において、「事業主が自らの雇用する労働者以外の者に対する言動に関し行うことが望ましい取組の内容」として示されている内容と同様のものです。

　ここで注意すべき点は、フリーランス法や労推法体系では「措置義務」ではなく「望ましい取組」として位置づけられているからといって、契約交渉中のハラスメントを軽視してもよいと決して勘違いしてはならないということです。

　契約交渉中であろうと、契約締結後であろうと、人格を侵害するようなハラスメント行為は許されません。どちらの場合も、事案に応じて、一般法（民法、刑法）により損害賠償責任や刑事責任が問われ得ることに違いはありませんし、契約交渉中のハラスメントも場合によっては大き

第4章　就業環境の整備 —— 193

な社会問題になり得るケースもあります。

　フリーランス法や労推法では、ハラスメント行為そのものを規制するのではなく、契約関係に入ることによって生じる関係性に起因するハラスメントの発生防止等を図ることを目的として、体制整備の措置を義務づけるという間接的な方法をとっているため、措置義務の範囲は契約締結後の段階にせざるを得ないという政策技術的な理由によるにすぎないことに留意する必要があります。

　このようなことを踏まえると、特定業務委託事業者は、契約締結後だけではなく、契約交渉中のハラスメントについても、その防止等に真摯に取り組むことが重要です。

第4節 解除等の予告（法16条）

Q4-17 ▶中途解除等の事前予告義務

法16条1項は、特定業務委託事業者による継続的業務委託に係る契約の中途解除等につき事前予告を義務づけています。このような規定が設けられた理由と、予告義務の内容を説明してください。

A 中途解除等の場合に事前の予告を義務づけることによって、フリーランスが次の取引に円滑に移ることができるようにして、中途解除等に伴う時間的、経済的損失を軽減し、フリーランスの安定的な就業環境の整備を図るためです。

予告義務の内容は、特定業務委託事業者が、6か月以上の期間で行う継続的業務委託に係る契約の解除又は不更新をしようとする場合、例外事由を除いて、解除日又は契約満了日から少なくとも30日前までにその旨を予告しなければならないというものです。

解説

1. 中途解除等の事前予告を義務づけた理由

フリーランスは生身の個人の働き手であることから、特定の取引関係が継続すると、当該取引に自らの時間や役務の多くを投入し依存度が高まるため、業務委託契約を突然中途解除されると、新たな取引先を確保するまでの時間的損失や経済的損失を被ることになります。

また、契約の更新により、特定の取引関係が継続する場合も、契約更新への期待が生じ、突然不更新とされると、契約の中途解除と同様の状態になります。

このため、契約の期間が6か月以上の契約の中途解除、また、更新に

第4章 就業環境の整備 —— 195

より6か月以上の期間継続している契約の不更新について、事前に予告することで、フリーランスが次の取引に円滑に移ることができるようにして、解除等に伴う時間的、経済的損失を軽減し、フリーランスの安定的な就業環境の整備を図ることが、中途解除等の事前予告を義務づけた理由であるとされています（厚労省検討会第5回・立石大臣官房参事官発言）。

2．予告義務の内容

　特定業務委託事業者が、①6か月以上の期間で行う継続的業務委託に係る②契約の解除又は不更新をしようとする場合、解除日又は契約満了日から少なくとも30日前までに、③厚生労働省令で定めるところにより、その旨を予告しなければならないとされました（法16条1項）。ただし、④厚生労働省令で定める例外事由の場合はこの限りでないとされています（①～③についてはQ4-18、④についてはQ4-19参照）。

　労働者の場合についてみると、労基法20条1項は、労働者を解雇しようとする場合において少なくとも30日前の予告を義務づけています。

　また、労基法14条2項の規定に基づき定められた「有期労働契約の締結、更新及び雇止めに関する基準」2条では、契約を三回以上更新し、又は雇入れの日から起算して一年を超えて継続勤務している者に係る有期労働契約について、更新しないこととしようとする場合には、少なくとも当該契約の期間の満了する日の30日前までに、その予告をしなければならないとしています。

　法16条1項は、これらの労働関係法令と同様に、少なくとも30日前の予告を義務づける規定です。

　とはいえ、労基法20条1項は、30日前に予告をしない使用者は30日分以上の平均賃金の支払義務を規定していますが、このような規定は本法にはありません。

3．解除事由の制限に関する議論

　国会審議においては、契約解除の予告と解除理由の開示だけでは不十

分であり、解除には正当、合理的、やむを得ない事由が必要ではないかとの趣旨の意見も出されました。これに対して、政府は、フリーランスと特定業務委託事業者間の取引は事業者間取引であり、その契約関係の解消は取引自由の原則の中で契約当事者間に委ねられているものであることから、一般に取引法制において、解除事由によって解除を直接制限することは法制上の課題や発注控えのおそれなどの課題が多いと認識していると答えています（参院内閣委令和5年4月25日・宮本悦子政府参考人）。

Q4-18 ▶解除等を予告すべき場合、予告の方法

少なくとも30日前までに予告しなければならないのは、どのような場合でしょうか。また、予告はどのような方法で、行わなければならないのでしょうか。

A 6か月以上の業務委託や、契約の更新により6か月以上継続して行うこととなる業務委託について、契約を中途解除したり更新しない場合には、少なくとも30日前までにその旨を予告しなければなりません。

予告は、①書面を交付する方法、②ファクシミリを利用してする送信の方法、③電子メール等の送信の方法のいずれかの方法により行われなければなりません。

解説

1．予告義務の内容

特定業務委託事業者が、①6か月以上の期間で行う「継続的業務委託」に係る②契約の解除又は不更新をしようとする場合、解除日又は契約満了日から少なくとも30日前までに、③厚生労働省令で定めるところにより、その旨を予告しなければならないとされています（法16条1項）。

本問では、①継続的業務委託、②契約の解除又は不更新、③厚生労働省令による定め（予告の方法）の意味内容について、以下説明します（「例外事由」についてはQ4-19参照）。

2．継続的業務委託

本条の「継続的業務委託」は、法13条の「継続的業務委託」と同様です（Q4-5参照）。すなわち、継続的業務委託とは、①6か月以上の業務委託、②契約の更新により6か月以上継続して行うこととなる業務委託をいいます。ただし、基本契約を締結している場合には、個別契約では

●198

なく基本契約をもとに期間を判断します。

基本契約が「継続的業務委託」に該当する場合においては、業務委託契約の一部をなしているものとして、基本契約に基づく個別契約だけでなく基本契約についても予告義務の対象となります（解釈指針第3部4(1)）。

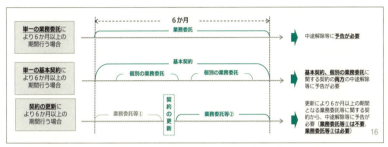

〔4省庁（内閣官房、公取委、中企庁、厚労省）説明資料16頁〕

3．契約の解除又は不更新
(1) 契約の解除（解釈指針第3部4(2)）

「契約の解除」とは、特定業務委託事業者からの一方的な意思表示に基づく契約の解除をいい、フリーランスからの解除は含まれません。

特定業務委託事業者及びフリーランスの間の合意による場合は本条の「契約の解除」に該当しませんが、その際には、契約の解除に関する合意に係るフリーランスの意思表示が自由な意思に基づくものであることが必要であり、当該意思表示があったか否かは慎重に判断する必要があるとされています。

また、特定業務委託事業者とフリーランスの間で、あらかじめ一定の事由がある場合に事前予告なく契約を解除できると定めていた場合においても、直ちに本条の事前予告が不要となるものではなく、例外事由に該当する場合を除き（Q4-19参照）、あらかじめ定めた事由に該当するとして特定業務委託事業者からの一方的な意思表示に基づき契約を解除する場合は「契約の解除」に該当するとされています。

なお、フードデリバリーにおいて、身分証明書の更新や業務中の事故

調査の必要等から行われるアカウントの「一時停止」については、一時停止となる理由や一時停止の理由に照らし適切な一時停止の予定時間等、一時停止であることが明らかである事由を明示した上で、正当な理由によりアカウント利用等を一時停止する場合は、法16条の対象とならないと考えられるとされています（パブコメ3-4-28）。

(2)　不更新（解釈指針第3部4(2)）

「契約期間の満了後に更新しない」（不更新）とは、継続的業務委託に係る契約が満了する日から起算して1か月以内に次の契約を締結しないことをいうとされています。

契約の不更新をしようとする場合（予告義務の対象）とは、不更新をしようとする意思をもって当該状態になった場合をいうとされています（事例については、コラム9「予告すべき契約不更新の場合とは」参照）。

4．予告の方法等

事前予告の方法については、①書面を交付する方法、②ファクシミリを利用してする送信の方法、③電子メール等の送信の方法のいずれかの方法により行われなければなりません（厚労省規則3条1項1号～3号）。

ファクシミリを利用してする送信の方法による解除の予告はファクシミリ装置により受信した時に、電子メール等の送信の方法による解除の予告は通信端末機器等により受信した時に、それぞれ到達したものとみなされます（厚労省規則3条2項）。

5．民事上の争いとの関係

法16条1項の中途解除等の事前予告を行わなかった場合、解除等の有効性に影響があるかについて、法16条1項は6か月以上の期間行う業務委託に係る契約を解除する場合等の予告義務を定めているものであって、解除等の効力は本法に基づいて判断されるものではないとされています（Q&A107）。

解除日又は契約満了日から少なくとも30日前までに予告したとしても、不利な時期に委任（準委任）を解除したときには損害を賠償しなければ

● 200

ならないとする規定（民法651条2項）や、請負契約の注文者が任意に解除する際には損害の賠償が必要になるとする規定（民法641条）が適用される場合があり得ることに留意する必要があります。

　いずれにせよ、契約の解除等の効力や解除に伴う損害賠償請求等については、民事上の争いとして最終的には司法による判断等により解決が図られるものです。

コラム9　予告すべき契約不更新の場合とは

　予告すべき契約の不更新をしようとする場合とは、不更新をしようとする意思をもって、契約が満了する日から起算して1か月以内に次の契約を締結しない状態になる場合をいいます。
　これに該当すると考えられる例及び該当しないと考えられる例について、解釈指針第3部4(2)において、次のとおり示されています。
〔契約の不更新をしようとする場合に該当すると考えられる例〕
① 　切れ目なく契約の更新がなされている又はなされることが想定される場合であって、当該契約を更新しない場合
② 　断続的な業務委託であって、特定業務委託事業者が特定受託事業者との取引を停止するなど次の契約申込みを行わない場合
〔契約の不更新をしようとする場合に該当しないと考えられる例〕
③ 　業務委託の性質上一回限りであることが明らかである場合
④ 　断続的な業務委託であって、特定業務委託事業者が次の契約申込みを行うことができるかが明らかではない場合
　なお、④の場合について、次の契約の申込みを行わないことが明らかになった時点でその旨を伝達することが望ましいとされています。

第4章　就業環境の整備 —— 201●

Q4-19 ▶事前予告の例外事由

継続的業務委託に係る契約を解除等する場合の事前予告義務については、例外事由が定められています。事前予告が不要となる例外事由として、どのような場合が定められているのでしょうか。

A ①災害その他やむを得ない事由により予告困難な場合、②上流の元委託者による突然のキャンセル等により業務の大部分が不要になった場合等、③30日間以下の業務委託契約を解除しようとする場合、④フリーランスの責めに帰すべき事由による場合、⑤基本契約に基づく業務委託をフリーランスの事情により相当な期間していない場合が、事前予告が不要となる例外事由として定められています。

解説

1. 例外事由の定めの厚生労働省令への委任

特定業務委託事業者は、継続的業務委託に係る契約の解除をしようとする場合には、少なくとも30日前までにその予告をしなければなりませんが、「災害その他やむを得ない事由により予告することが困難な場合その他の厚生労働省令で定める場合は、この限りでない。」（法16条1項ただし書）とされ、事前予告が不要となる例外事由がどのような場合であるかについては、厚生労働省令の定めに委任されていました。

2. 厚生労働省令で定められた例外事由

事前予告義務の例外事由として、次の5項目が厚労省規則4条において定められました。

> (1) 災害その他やむを得ない事由により予告することが困難な場合（法16条ただし書例示事項、厚労省規則4条1号）

災害その他やむを得ない事由により予告することが困難な場合まで、事

前予告を求める必要性はないので規定されているものです。

労基法20条の解雇の予告義務においても、「天災事変その他やむを得ない事由のために事業の継続が不可能となつた場合」は例外事由とされており、これと同趣旨の規定といえるでしょう（労基法20条の例外事由については労基署長の認定を受ける必要があるという違いはあります）。

なお、「その他やむを得ない事由」とは、天災事変に準ずる程度に不可抗力に基づき、かつ、突発的な事由をいい、事業者として社会通念上採るべき必要な措置をもってしても通常対応することが難しい状況になったためにフリーランスに対して予告することが困難である場合をいうとされています（解釈指針第3部4⑷ア）。

> ⑵　再委託の際の元委託者からの契約の全部又は一部の解除等により、当該フリーランスの業務の大部分が不要となった場合その他の直ちに契約を解除せざるを得ない場合（厚労省規則4条2号）

特定業務委託事業者自らの事情ではなく、上流の元委託者による突然のキャンセル等によってフリーランスとの契約を直ちに解除せざるを得ない場合まで、事前予告を求めるものではないという考え方に基づき例外事由とされたものと考えられます。

なお、「その他の直ちに契約を解除せざるを得ない場合」とは、元委託業務に係る契約の全部又は一部が解除され、不要となった再委託業務が一部であったとしても重要な部分であり、大部分が不要になった場合と同視できる程度に直ちに当該再委託業務に係る契約の解除をすることが必要であると認められる場合をいうとされています（解釈指針第3部4⑷イ）。

> ⑶　基本契約が締結されている場合又は契約の更新により継続して業務委託を行う場合であって、業務委託の期間が短期間（30日以下）である一の契約（個別契約）を解除しようとする場合（厚労省規則4条3号）

契約期間が30日以下のものについて解除等の少なくとも30日前までに

その予告を義務づけることはそもそも不自然ですが、個別の契約の契約期間が30日以下のものであっても、基本契約が締結されている場合や、契約の更新により継続して業務委託を行い、6か月以上という継続的業務委託の要件を満たす場合には、何も法的な手当てをしないと予告義務がかかってしまうので、30日以下である契約について例外事由とされたと考えられます。

　具体的には、①基本契約に基づいて業務委託を行う場合に、当該基本契約に基づく一の業務委託に係る契約（契約期間が30日以下のものに限る。）の解除をしようとする場合、又は②契約の更新により継続して業務委託を行うこととなる場合に、一の業務委託に係る契約（契約期間が30日以下のものに限る。）の解除をしようとする場合をいいます（解釈指針第3部4(4)ウ）。

---

(4)　フリーランスの責めに帰すべき事由により直ちに契約の解除をすることが必要であると認められる場合（厚労省規則4条4号）

「フリーランスの責めに帰すべき事由」により直ちに契約の解除をすることが必要である場合まで、事前の予告義務がかかるとする必要はないので、例外事由とされたと考えられます。

　労基法20条の解雇予告義務においても、労働者の責に帰すべき事由に基づいて解雇する場合は解雇予告義務の例外事由とされており、これと同趣旨の規定といえるでしょう（本事由についても労基法20条の場合は労基署長の認定を受ける必要があるという違いはあります）。

　「フリーランスの責めに帰すべき事由」とは、フリーランスの故意、過失又はこれと同視すべき事由ですが、その判定に当たっては、業務委託に係る契約の内容等を考慮の上、総合的に判断すべきであり、「フリーランスの責めに帰すべき事由」が法16条の保護を与える必要のない程度に重大又は悪質なものであり、したがって特定業務委託事業者にフリーランスに対し30日前までに解除の予告をさせることが当該事由と比較して均衡を失するようなものに限るとされています（解釈指針第3部4(4)エ、労基法20条の「労働者の責に帰すべき事由」の解釈（昭和23年11月11

日基発1637号、昭和31年3月1日基発111号）参照）。

「フリーランスの責めに帰すべき事由」として、限定列挙ではないことに留意が必要であるとした上で、次の事例が示されています（解釈指針第3部4(4)エ）。

①(i)原則として極めて軽微なものを除き、業務委託に関連して盗取、横領、傷害等刑法犯等に該当する行為のあった場合、(ii)一般的にみて極めて軽微な事案であっても、特定業務委託事業者があらかじめ不祥事件の防止について諸種の手段を講じていたことが客観的に認められ、しかもなおフリーランスが継続的に又は断続的に盗取、横領、傷害等の刑法犯等又はこれに類する行為を行った場合、(iii)業務委託と関連なく盗取、横領、傷害等刑法犯等に該当する行為があった場合であっても、それが著しく特定業務委託事業者の名誉もしくは信用を失墜するもの、取引関係に悪影響を与えるもの又は両者間の信頼関係を喪失させるものと認められる場合

②賭博、風紀紊乱等により業務委託に係る契約上協力して業務を遂行する者等に悪影響を及ぼす場合。また、これらの行為が業務委託と関連しない場合であっても、それが著しく特定業務委託事業者の名誉もしくは信用を失墜するもの、取引関係に悪影響を与えるもの又は両者間の信頼関係を喪失させるものと認められる場合

③業務委託の際にその委託をする条件の要素となるような経歴・能力を詐称した場合及び業務委託の際、特定業務委託事業者の行う調査に対し、業務委託をしない要因となるような経歴・能力を詐称した場合

④フリーランスが、業務委託に係る契約に定められた給付及び役務を合理的な理由なく全く又はほとんど提供しない場合

⑤フリーランスが、契約に定める業務内容から著しく逸脱した悪質な行為を故意に行い、当該行為の改善を求めても全く改善が見られない場合

（コラム10「『フリーランスの責めに帰すべき事由』の該当事例のQ＆Aでの追加」参照）

第4章　就業環境の整備 —— 205

(5) 基本契約を締結している場合であって、フリーランスの事情により、相当な期間、当該基本契約に基づく業務委託をしていない場合（厚労省規則4条5号）

　フリーランスの事情により、相当な期間、基本契約に基づく業務委託をしていない場合については、基本契約が6か月以上の継続的業務委託の要件を満たしているとしても、事前の予告を義務づける必要はないとの考え方に基づき、例外事由とされたと思われます。

　「相当な期間」については、フリーランスの事情により個別に判断されるべきものですが、継続的業務委託の期間が6か月以上であることを踏まえ、概ね6か月以上と解されるとされています（解釈指針第3部4(4)オ）。

コラム10 「フリーランスの責めに帰すべき事由」の該当事例のQ&Aでの追加

　30日前までの予告が不要となり即時解除を行うことができる「フリーランスの責めに帰すべき事由」については、解釈指針が限定列挙ではないとしつつ該当事例を示しているところ、Q&A112は個別の判断が必要であるとしつつ該当事例の例示を追加しています。

〈例〉

- 自動車等の運転を要する業務において、交通ルール等の遵守を周知しているにもかかわらず、危険運転を行うことやナンバープレートの表示などのルール等を遵守していない場合
- 特定受託事業者が業務委託に関連し暴力行為等に及んだ可能性がある場合であって、それに関する事件の調査協力を繰り返し行っているにもかかわらず調査の協力を拒む場合
- 業務委託の取引先や顧客に対する暴言や嫌がらせ、暴力、詐取、性的な迷惑行為、業務遂行に際して取得した個人情報の目的外利用などの第三者の安全に支障を及ぼす又は第三者に損害を与える行為
- 特定受託事業者が事前にアカウントを作成しプラットフォームを介して業務委託を受ける場合において、登録時の経歴詐称、虚偽情報

の登録、他の者とのアカウントの共有などを行っていた場合

- 業務委託の前提となる特定受託事業者の運転免許証や在留カード等が有効期限切れの場合
- 特定受託事業者が業務の遂行に必要な業法等における登録の失効・取消事由等に該当した場合又は当該事由により行政処分・罰則の適用を受けた場合
- 配達を伴う業務において、事前に商品の取扱い等に関する社内ルールを周知しているにもかかわらず、配達中の商品を触ったり、配達時間や距離を偽って報酬を多く得たりするなど、繰り返し当該ルールに反する行為を行う場合
- 配達を伴う業務において商品を届けないなど、業務委託契約に定められた業務の重要な部分を合理的な理由なく行わない場合
- 特定受託事業者に契約違反の是正を書面等で求め、改善が見られなければ解除することについて伝達してもなお契約違反が是正されない場合
- 特定受託事業者が業務遂行の能力や資格等を喪失するなど、業務遂行ができなくなる又は業務遂行に重大な支障が生じる場合

Q4-20 ▶解除理由の開示請求

法16条2項は、契約の解除理由の開示請求がなされた場合には、フリーランスに対し開示する義務を定めています。解除理由開示義務について、請求時期、開示方法、開示不要となる例外事由等、その仕組みを説明してください。

A フリーランスが、解除予告がなされた日から契約が満了する日までの間において、契約の解除理由の開示を請求した場合には、特定業務委託事業者は、第三者の利益を害するおそれがある場合や他の法令に違反することとなる場合を除き、フリーランスに対し、書面交付、電子メール送付等の方法で、遅滞なくこれを開示しなければなりません。

解説

1. 解除理由開示義務

(1) 背景事情

解除予告（不更新の予告）を受けたフリーランスは、契約の存続に向けた交渉を行ったり、別の取引に向けて行動することとなりますが、その際には解除の理由を把握しておくことが必要となります。

そのような場合の中には、解除理由が明白である場合もあることから、すべての場合ではなくフリーランスが請求した場合において、解除理由の開示を義務づける規定が整備されました。

(2) 義務内容（請求時期、開示方法等）

フリーランスが、法16条1項の予告がされた日から契約が満了する日までの間において、契約の解除の理由の開示を請求した場合には、特定業務委託事業者は、フリーランスに対し、厚生労働省令で定めるところにより、遅滞なくこれを開示しなければならないとされました（法16条2項本文）。

〔開示請求の時期等〕

　フリーランスが開示請求をすることができる時期は、予告がされた日から契約が満了する日までの間に限られ、契約が満了する日を経過すると開示請求はできなくなります。

　これは、労働者に関する労基法22条2項の労働者が「解雇の予告がされた日から退職の日までの間において、当該解雇の理由について証明書を請求した場合においては、使用者は、遅滞なくこれを交付しなければならない。」との規定と同様のものですが、労基法は同条1項において労働者が退職時に「退職の事由（退職の事由が解雇の場合にあっては、その理由を含む。）について証明書を請求した場合においては、使用者は、遅滞なくこれを交付しなければならない。」と規定し、退職後においても解雇の理由の開示を請求できる点で、フリーランス法とは異なります。

　なお、法16条2項の理由の開示は、予告がされた日から契約が満了する日までの間に請求することとなっているため、事前予告の例外事由に該当する場合は（Q4-19参照）、そもそも予告がなされないので、理由の開示の請求対象となりません。一方、特定業務委託事業者が法16条1項による予告義務に違反している場合は、フリーランスは契約の解除理由の開示を請求することができると解されるとされています（解釈指針第3部4(6)）。

〔理由開示の方法〕（法16条2項、厚労省規則5条）

　理由開示の方法については、事前予告の場合と同様、①書面を交付する方法、②ファクシミリを利用してする送信の方法、③電子メール等の送信の方法のいずれかの方法により行われなければなりません（厚労省規則5条1項1号～3号）。

　ファクシミリを利用してする送信の方法による解除の予告はファクシミリ装置により受信した時に、電子メール等の送信の方法による解除の予告は通信端末機器等により受信した時に、それぞれ到達したものとみなされることも事前予告の場合と同様です（厚労省規則5条2項）。

2．理由開示を不要とする例外事由

　フリーランスが、解除予告がなされた日から契約が満了する日までの間において、契約の解除の理由の開示を特定業務委託事業者に請求した場合には、遅滞なくこれを開示しなければなりませんが、次に定める場合はこの限りでないとされています（法16条2項ただし書、厚労省規則6条）。

(1)　第三者の利益を害するおそれがある場合（厚労省規則6条1号）

　「第三者の利益を害するおそれがある場合」とは、契約の解除の理由を開示することにより、特定業務委託事業者及びフリーランス以外の者の利益を害するおそれがある場合をいうとされています（解釈指針第3部4(6)ア）。

　例えば、顧客からのクレームにより契約の解除を行った場合において、解除の理由を告げると顧客への報復の蓋然性が高い場合が考えられます。

(2)　他の法令に違反することとなる場合（厚労省規則6条2号）

　「他の法令に違反することとなる場合」とは、契約の解除の理由を開示することにより、例えば、法律上の守秘義務に違反する場合などをいうとされています（解釈指針第3部4(6)イ）。

第5節　就業環境の整備等の実効性（法17条〜23条）

Q4-21 ▶ 就業環境整備規定違反に関する申出等

法17条は、フリーランスは、就業環境整備に係る規定に違反する事実がある場合、厚労大臣に対しその旨を申し出て適当な措置をとるべきことを求めることができると規定しています。この規定の趣旨・内容と、どのような流れで実効性確保措置がとられるかについて説明してください。

A 　法17条は、フリーランスが厚労大臣に違反事実を申し出て適当な措置を求めたことを理由としての不利益取扱いを禁止することによって、フリーランスに厚労大臣へ情報提供しやすい環境を整備し、行政が法違反に対して迅速な対応を行うことができるようにすることを企図しているものです。

　厚労大臣は、申出の内容に応じ、必要な調査を行い、申出の内容が事実である場合、指導・助言のほか、勧告を行い、勧告に従わない場合には命令・公表を行うことがあります。

解説　1．厚労大臣への申出等の趣旨・内容

　個人で仕事を行うフリーランスは経済的基盤が一般に脆弱であり、本法に違反する行為については迅速に状況を改善する必要があります。そのためには、フリーランスが特定業務委託事業者の報復措置を心配することなく行政に対して情報提供をしやすい環境を整える必要があります。

　このため、法17条に次のような内容が規定されました。

　①フリーランスは、就業環境の整備に係る規定に違反する事実がある

第4章　就業環境の整備 ── 211

場合には、厚労大臣にその旨を申し出て、適当な措置をとるべきことを求めることができる（同条1項）。

②この申出があったときは、厚労大臣は必要な調査を行い、事実であると認めるときは、本法に基づく措置（勧告等）その他適当な措置をとらなければならない（同条2項）。

③特定業務委託事業者は、申出をしたことを理由として、取引の数量の削減、取引の停止などの不利益な取扱いをしてはならない（同条3項に基づく法6条3項の準用）。

このように本条は、フリーランスが厚労大臣に違反事実を申し出て適当な措置を求めたことを理由としての不利益取扱いを禁止することによって、フリーランスに厚労大臣へ情報提供しやすい環境を整備し、行政が法違反に対して迅速な対応を行うことができるようにすることを企図しているものです。

なお、本条の申出の法的性質は、行政への職権発動の端緒としての情報提供にとどまり、調査、処分等を行うかどうかについては行政に裁量があり、フリーランスに行政に対する具体的な措置請求権を付与したものではないと解されますが（法6条についてQ3-17参照）、申出を受けた場合、行政は事案に応じた適切な対応をすべきことは当然のことです。

2．実効性確保措置の流れ

(1)　申出の対象となる違反事実

厚労大臣に申出を行うことができる「就業環境の整備に係る規定に違反する事実」とは、具体的には次の規定に違反する事実です。

①募集情報の的確表示義務（法12条）

②育児介護等と業務の両立に対する配慮義務（法13条）

③ハラスメント対策に係る体制整備義務（法14条）

④中途解除等の事前予告・理由開示義務（法16条）

⑤報復行為としての不利益取扱いの禁止（法17条3項）

(2)　申出後の対応

厚労大臣は、申出の内容に応じ、必要な調査を行います。関係当事者

（フリーランス、特定業務委託事業者、特定業務委託事業者の取引先等）からの事情聴取や、法20条の報告徴収、立入検査を行います。

①募集情報の的確な表示義務、④中途解除等の事前予告・理由開示義務、⑤報復行為としての不利益取扱いの禁止に関する申出については、厚労大臣は、必要な限度において、関係者に対する報告徴収、その職員による立入検査を行うことができます（法20条1項）。③ハラスメント対策に係る体制整備義務については、厚労大臣は、必要な限度において、特定業務委託事業者に対し報告を求めることができます（同条第2項）。②育児介護等と業務の両立に対する配慮義務に関しては、報告等に関する規定はありません。

調査の結果、申出の内容が事実である場合には、厚労大臣は、違反状況を是正するため、本法に基づく措置その他適当な措置、すなわち、指導・助言のほか、勧告を行い、勧告に従わない場合には命令・公表が行われることがありますが、措置の内容は就業環境の整備に係るどの規定に違反しているかによって異なってきますので、この点については次の設問（Q4-22）で説明します。

なお、以上の厚労大臣の権限は、全国的重要事案を除き、都道府県労働局長に委任されています（法23条、厚労省規則8条）。

3. 労働基準監督機関への労基法違反の申告との比較

労基法104条は、労働者は、労基法違反の事実がある場合は、その事実を労働基準監督官等に申告することができ（同条1項）、使用者は、申告をしたことを理由として、労働者に対して解雇その他不利益な取扱をしてはならないとしています（同条2項）。

ここでいう「申告」も、行政官庁に対する一定事実の通告であって、労働者が違反事実を通告して監督機関の行政上の権限の発動を促すことをいうとされていますので（厚生労働省労働基準局編「労働基準法」下1103頁）、フリーランス法の「申出」と法的性格は同じであると考えられます。

とはいえ、労働基準監督官は刑事訴訟法上の特別司法警察職員（刑事訴訟法190条、労基法102条）でもありますので、犯罪の訴追を求める意

第4章　就業環境の整備 ── 213

思をもってなされた申告は、刑事訴訟法230条の告訴又は同法239条の告発ということになり、この場合、労働基準監督官は、司法警察員として刑事訴訟法241条以下の手続（告訴、告発事案の捜査）によって処理しなければならないという違いがあります（厚生労働省労働基準局編「労働基準法」下1104頁）。

Q4-22 ▶指導・助言、勧告、命令・公表等

フリーランスからの申出の内容が事実である場合には、厚労大臣は、この法律に基づく措置その他適当な措置をとらなければならないとされていますが（法17条2項）、具体的にどのような措置がとられるのか、就業環境の整備に係る各規定について説明してください。

A　具体的な行為規制である①法12条（募集情報の的確表示義務）、②法16条（中途解除等の事前予告・理由開示義務）、③法17条3項（報復行為としての不利益取扱いの禁止）については、指導・助言、勧告、命令・公表、罰則という流れでの措置がとられることがあります。

体制整備義務によって間接的にフリーランスを保護しようとする④法14条（ハラスメント対策に係る体制整備義務）については、指導・助言、勧告、公表という流れでの措置がとられることがあります。

配慮義務である⑤法13条（育児介護等と業務の両立に対する配慮義務）については、指導・助言が行われることがあります。

解説　1．法に規定されている実効性確保措置

厚労大臣は、調査の結果、申出の内容が事実である場合には、違反状況を是正するため、この法律に基づく措置その他適当な措置をとらなければならないとされています（法17条2項）。

フリーランス法に規定された実効性確保のための措置は次のとおりです。

⑴　指導・助言（法22条）

公取委及び中企庁長官並びに厚労大臣は、法の施行に関し必要があると認めるときは、業務委託事業者に対し、指導及び助言をすることができるとされています（法22条）。

第4章　就業環境の整備 —— 215●

本条の指導・助言は、一般的な行政指導（行政手続法2条6号）であって、法的拘束力はなく、指導・助言への対応は任意の行動に委ねられるという性格のものです。

就業環境の整備に係る各規定に違反する事実がある場合において、これらの規定を所管する厚労大臣が、その申出内容に応じて、まずは指導・助言によって実効性を確保しようとすることがあり得ます。

(2) 勧告（法18条）

厚労大臣は、特定業務委託事業者が、①法12条（募集情報の的確表示義務）、②法14条（ハラスメント対策に係る体制整備義務）、③法16条（中途解除等の事前予告・理由開示義務）、④法17条3項（報復行為としての不利益取扱いの禁止）の各規定に違反していると認めるときは、その違反を是正、防止するために必要な措置をとるべきことを勧告することができるとされています。なお、法13条（育児介護等と業務の両立に対する配慮義務）に関しては、配慮義務であることによるものと思われますが、勧告の対象事項とはなっていません。

本条の勧告も、法的拘束力はなく、対応は任意の行動に委ねられる行政指導ではあります。しかしながら、正当な理由なく勧告に係る措置をとらない場合は、法14条の場合を除き、命令に移行する点で（法19条1項）、上記(1)の指導・助言とは異なります。

(3) 命令・公表（法19条）

厚労大臣は、法12条（募集情報の的確表示義務）、法16条（中途解除等の事前予告・理由開示義務）、法17条3項（報復行為としての不利益取扱いの禁止）の各規定に係る勧告を受けた者が、正当な理由なく勧告に係る措置をとらなかったときは、当該措置をとるよう命ずることができ、命令をした場合にはその旨を公表することができるとされています（法19条1項・2項）。命令の法的性質は「処分」（行政手続法2条1号）であると解されます。

法14条（ハラスメント対策に係る体制整備義務）に係る勧告を受けた者が、正当な理由なく勧告に係る措置をとらなかったときは、厚労大臣はその旨を公表することができるとされています（法19条3項）。ハラス

メントに関しては、命令に移行するルートが設けられておらず、正当な
理由なく勧告に係る措置をとらなかったときは、その旨を公表すること
で対処するという仕組みとなっています。

　このような仕組みとされた理由としては、12条、16条、17条3項の各
規定は具体的な行為を規制していますが、14条はハラスメントに関して
防止改善を図るため特定業務委託事業者に体制整備を義務づけるという
間接的な方法でフリーランスの権利利益を保護しようという規制方式を
とっていることの違いや、体制整備は特定業務委託事業者それぞれの実
情に応じて取り組む必要があるため一律ではないという違いがあること
が考えられます。

2．各規定についての実効性確保措置の流れ

　上記1.で説明したように、フリーランス法に基づく実効性確保措置
の流れは異なっており、少しばかり複雑です。これを整理すると次のよ
うになります。

> (1)　法12条（募集情報の的確表示義務）、法16条（中途解除等の事前予告・
> 　　理由開示義務）、法17条3項（報復行為としての不利益取扱いの禁止）

フリーランスによる厚労大臣（労働局長）への違反事実の申出〈17条1項〉

⇓

必要な調査（報告徴収・立入検査*含む）〈17条2項、20条1項〉

*報告徴収・立入検査に係る違反には罰則〈24条2号〉

⇓

指導・助言〈22条〉

⇓

勧告〈18条〉

⇓

命令・公表〈19条1項、2項〉

⇓

罰則〈命令違反・24条1号〉（罰則についてはQ5-1参照）

第4章　就業環境の整備 ―― 217

⑵　法14条（ハラスメント対策に係る体制整備義務）

フリーランスによる厚労大臣（労働局長）への違反事実の申出〈17条1項〉

⇓

必要な調査（報告徴収*含む）〈17条2項、20条2項〉

*報告徴収に係る違反には過料〈26条〉

⇓

指導・助言〈22条〉

⇓

勧告〈18条〉

⇓

公表〈19条3項〉

⑶　法13条（育児介護等と業務の両立に対する配慮義務）

フリーランスによる厚労大臣（労働局長）への違反事実の申出〈17条1項〉

⇓

必要な調査〈17条2項〉

⇓

指導・助言〈22条〉

Q4-23 ▶ フリーランスからの相談対応に係る体制整備

法21条は、国は、フリーランスからの相談に応じ適切に対応するために必要な体制の整備等の措置を講ずるとされていますが、具体的にどのような体制整備が行われるのでしょうか。

A 国が第二東京弁護士会に委託して実施している「フリーランス・トラブル110番」（弁護士がフリーランスにアドバイスを行ったり、フリーランス・特定業務委託事業者間の和解あっせんを行う。）の体制強化が図られます。

また、違反行為を受けたフリーランスが行政機関の対応を希望する場合には、フリーランス・トラブル110番での相談から公取委、中企庁、厚労省の窓口への申告に円滑につなげられるような体制整備が図られます。

解説

1．法21条の趣旨

国は、フリーランスからの相談に応じ、適切に対応するために必要な体制の整備その他の必要な措置を講ずるものとするとされました（法21条）。

これは、本法の所管が公取委、中企庁、厚労省にまたがるため、内閣官房を含めこれら関係省庁が連携を図るとともに、ワンストップで相談対応をする体制の整備等の措置を求める趣旨の規定であると考えられます。

2．フリーランス・トラブル110番

国は、フリーランスが、契約上・仕事上のトラブルについて弁護士に無料で相談できる相談窓口「フリーランス・トラブル110番」（https://freelance110.mhlw.go.jp/）を、令和2年11月より設置し、第二東京弁護士会に委託し実施しています。

第4章　就業環境の整備 —— 219

フリーランス・トラブル110番においては、弁護士がフリーランスに対して採り得る対応等についてアドバイスするとともに、フリーランス・特定業務委託事業者間に入って歩み寄りを促す和解あっせんを行っていますが、令和5年度の実績は、電話メール等での相談対応が8986件、和解あっせん受付が207件でした。
　フリーランス・トラブル110番の相談内容についてみると、最も多いのが「報酬の支払い」で31.3％、次いで「契約条件の明示」で14.1％、「受注者からの中途解除・不更新」で10.5％となっています（以上、厚労省HP参照）。

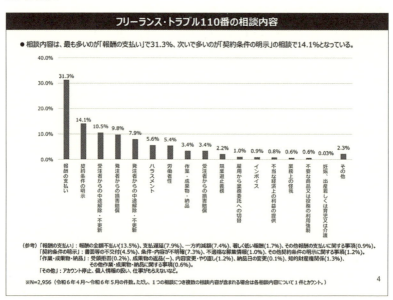

〔厚労省HP https://www.mhlw.go.jp/content/001267084.pdf〕

3．相談対応体制整備〜フリーランス・トラブル110番の強化〜

　法21条において、フリーランスからの相談対応体制の整備等の措置を講ずることが求められることを受けて、国は、フリーランス・トラブル110番について、法施行後の相談件数の増加にも対応できるよう、相談対応弁護士の増員、弁護士の事務サポートを行う事務職員の増員等の体

制整備を令和5年度予算から行っています(参院内閣委令和5年4月27日・宮本悦子政府参考人)。

　また、フリーランス法の施行後は、違反行為を受けたフリーランスが行政機関の対応を希望する場合には、フリーランス・トラブル110番での相談から公取委、中企庁、厚労省の窓口への申告に円滑につなげられるような体制整備を行うことに加えて、公取委、中企庁及び厚労省において今後必要な人員及び体制の確保を行うことを想定しているとしていますので(参院内閣委令和5年4月27日・宮本悦子政府参考人)、このようなルートでの行政対応も今後多く見込まれます。

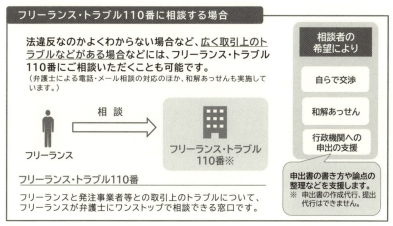

〔「フリーランス・事業者間取引適正化等法」パンフレット(内閣官房ほか)〕

第5章

罰則

Q5-1 ▶罰則、過料（法24条〜26条）

本法には、罰則（法24条）、両罰規定（法25条）、過料（法26条）が規定されています。これらの内容を説明してください。

A

本法の規定に基づく行政の命令に違反する行為や、報告徴収・立入検査に係る違反行為（虚偽報告、検査妨害等）をした者は、50万円以下の罰金に処するとされています。この場合、法人にも同様の罰金刑が科されます。

行政による命令が制度化されていない法14条（ハラスメント対策に係る体制整備義務）違反に関しては、報告徴収に係る違反行為（虚偽報告等）をした者は、20万円以下の過料に処するとされています。

解説

1. 罰則（法24条）

(1) 命令違反

法24条1号は、特定業務委託事業者などが、正当な理由なく勧告に係る措置をとらなかったときで、公取委又は厚労大臣が発する当該措置をとるようにとの「命令」（法9条1項、法19条1項）に違反した場合、当該違反行為をした者に対し50万円以下の罰金に処することを規定しています。

本法の実効性を確保するための措置の原則的な流れは（法13条、法14条違反の場合を除く）、指導・助言、さらに勧告という行政指導で自発的是正を促し、正当な理由なく勧告に係る措置をとらなかったときには命令という行政処分により是正を命じ（公表も伴い得る）、それに違反した場合には罰金を科すというものです（Q3-18、Q4-22参照）。

本法が国会に提出される前に行われた意見募集（パブリックコメント）において、「抑止力を持たせるため罰則を設けるべき」との意見に対し、政府は「行政処分に従わなかった場合には罰則を科すこととするなど、本

224

案が実効性のあるものとなるよう、検討します。」との考え方を回答として示していました（内閣官房・新しい資本主義実現本部事務局「「フリーランスに係る取引適正化のための法制度の方向性」に関する意見募集に寄せられた御意見について」（令和4年10月12日））。このような経緯からも明らかなように、本条1号の罰則は、指導・助言、勧告という段階を経た命令という行政処分に違反した場合に罰金を科すことによって、行政処分に実効性をもたせるためのものです。

　その意味では、罰則の適用それ自体よりも、指導・助言、勧告、命令・公表といった行政の措置が、法の実効性確保という点では重要な役割を担っているといえるでしょう。

(2) 報告徴収・立入検査違反

　法24条2号は、特定業務委託事業者などが、中企庁長官、公取委、厚労大臣の報告徴収に対し、報告をしなかったり虚偽の報告をした場合、これらの省庁の職員の立入検査を拒否、妨害、忌避した場合、50万円以下の罰金に処することを規定しています。

　公取委又は厚労大臣には、勧告、命令を行うために必要な限度で、特定業務委託事業者、フリーランス等の関係者に対する報告徴収権限や、これらの者の事業場への立入調査権限があります（法11条2項、法20条1項）。また、中企庁長官には、取引適正化に係る規定の違反につき公取委に本法の規定に従い適当な措置をとることを請求するに必要な限度で、同様の報告徴収権限や立入調査権限があります（法11条1項）。

　本条の罰則は、このような報告徴収や立入調査に実効性をもたせるためのものです。

2．両罰規定（法25条）

　法25条は、法人の代表者、法人又は人の代理人、使用人その他の従業者が、法24条の罰金に処せられる違反行為をしたときは、当該行為者を罰するほか、その法人又は人に対しても同じく罰金を科すと規定しています。

　例えば、特定業務委託事業者の使用する従業員が公取委等の検査を拒

第5章　罰　則 —— 225

んだり調査を妨げたりした場合は、当該従業員に対する50万円以下の罰金に加えて、当該従業員を使用する特定業務委託事業者に対しても同じ罰金が科せられることになります（参院内閣委令和5年4月25日・藤丸敏内閣府副大臣）。

3．過料（法26条）

　法26条は、法20条2項の規定による厚労大臣の報告徴収に関し、報告をしなかったり虚偽の報告をした特定業務委託事業者に対し、20万円以下の過料に処すると規定しています。

　過料は、刑法上の罰ではなく、行政上の秩序罰であり、非訟事件手続法「第5編　過料事件」（119条〜122条）に基づき科されるものです。

　法14条（ハラスメント対策に係る体制整備義務）の実効性を確保するための措置の流れは、厚労大臣は、指導・助言、さらには違反を是正・防止するため必要な措置をとるべきことを勧告することができ、勧告を受けた者が正当な理由なく勧告に係る措置をとらなかったときにはその旨を公表できるというものです（Q4-22参照）。

　厚労大臣には、このような勧告、公表を行うために必要な限度で、特定業務委託事業者に対し報告徴収を行う権限があります（法20条2項）。本条の過料は、報告をしなかったり虚偽の報告をした者に対し、過料に処することによって、報告徴収に実効性をもたせるためのものです。

　なお、労働者に対するパワハラに関しても、事業主に対する報告徴収規定（労推法36条1項）と過料規定（同法41条）があり、また、労働者のセクハラやマタハラに関しても事業主に対する報告徴収規定（均等法29条1項）と過料規定（同法33条）がありますので、本条の過料はこれらと同様のものといえます。

資 料

- ▶特定受託事業者に係る取引の適正化等に関する法律〔フリーランス法〕
- ▶特定受託事業者に係る取引の適正化等に関する法律施行令〔施行令〕
- ▶公正取引委員会関係特定受託事業者に係る取引の適正化等に関する法律施行規則〔公取委規則〕
- ▶厚生労働省関係特定受託事業者に係る取引の適正化等に関する法律施行規則〔厚労省規則〕
- ▶特定業務委託事業者が募集情報の的確な表示、育児介護等に対する配慮及び業務委託に関して行われる言動に起因する問題に関して講ずべき措置等に関して適切に対処するための指針〔厚労省指針〕
- ▶特定受託事業者に係る取引の適正化等に関する法律の考え方〔解釈指針〕
- ▶特定受託事業者に係る取引の適正化等に関する法律と独占禁止法及び下請法との適用関係等の考え方〔執行指針〕

●特定受託事業者に係る取引の適正化等に関する法律〔フリーランス法〕

令和5年法律第25号〔施行：令和6年11月1日〕

第1章 総則

（目的）

第1条 この法律は、我が国における働き方の多様化の進展に鑑み、個人が事業者として受託した業務に安定的に従事することができる環境を整備するため、特定受託事業者に業務委託をする事業者について、特定受託事業者の給付の内容その他の事項の明示を義務付ける等の措置を講ずることにより、特定受託事業者に係る取引の適正化及び特定受託業務従事者の就業環境の整備を図り、もって国民経済の健全な発展に寄与することを目的とする。

（定義）

第2条 この法律において「特定受託事業者」とは、業務委託の相手方である事業者であって、次の各号のいずれかに該当するものをいう。

一 個人であって、従業員を使用しないもの

二 法人であって、一の代表者以外に他の役員（理事、取締役、執行役、業務を執行する社員、監事若しくは監査役又はこれらに準ずる者をいう。第6項第2号において同じ。）がなく、かつ、従業員を使用しないもの

2 この法律において「特定受託業務従事者」とは、特定受託事業者である前項第1号に掲げる個人及び特定受託事業者である同項第2号に掲げる法人の代表者をいう。

3 この法律において「業務委託」とは、次に掲げる行為をいう。

一 事業者がその事業のために他の事業者に物品の製造（加工を含む。）又は情報成果物の作成を委託すること。

二 事業者がその事業のために他の事業者に役務の提供を委託すること（他の事業者をして自らに役務の提供をさせることを含む。）。

4 前項第1号の「情報成果物」とは、次に掲げるものをいう。

一 プログラム（電子計算機に対する指令であって、一の結果を得ることができるように組み合わされたものをいう。）

二 映画、放送番組その他影像又は音声その他の音響により構成されるもの

三 文字、図形若しくは記号若しくはこれらの結合又はこれらと色彩との結合により構成されるもの

四 前3号に掲げるもののほか、これらに類するもので政令で定めるもの

5 この法律において「業務委託事業者」とは、特定受託事業者に業務委託をする事業者をいう。

6 この法律において「特定業務委託事業者」とは、業務委託事業者であって、次の各号のいずれかに該当するものをいう。

一 個人であって、従業員を使用するもの

二 法人であって、二以上の役員があり、又は従業員を使用するもの

7 この法律において「報酬」とは、業務委託事業者が業務委託をした場合に特定受託事業者の給付（第3項第2号に該当する業務委託をした場合にあっては、当該役務の提供をすること。第5条第1項第1号及び第3号並びに第8条第3項及び第4項を除き、以下同じ。）に対し支払うべき代金をいう。

第2章　特定受託事業者に係る取引の適正化

(特定受託事業者の給付の内容その他の事項の明示等)

第3条　業務委託事業者は、特定受託事業者に対し業務委託をした場合は、直ちに、公正取引委員会規則で定めるところにより、特定受託事業者の給付の内容、報酬の額、支払期日その他の事項を、書面又は電磁的方法（電子情報処理組織を使用する方法その他の情報通信の技術を利用する方法であって公正取引委員会規則で定めるものをいう。以下この条において同じ。）により特定受託事業者に対し明示しなければならない。ただし、これらの事項のうちその内容が定められないことにつき正当な理由があるものについては、その明示を要しないものとし、この場合には、業務委託事業者は、当該事項の内容が定められた後直ちに、当該事項を書面又は電磁的方法により特定受託事業者に対し明示しなければならない。

2　業務委託事業者は、前項の規定により同項に規定する事項を電磁的方法により明示した場合において、特定受託事業者から当該事項を記載した書面の交付を求められたときは、遅滞なく、公正取引委員会規則で定めるところにより、これを交付しなければならない。ただし、特定受託事業者の保護に支障を生ずることがない場合として公正取引委員会規則で定める場合は、この限りでない。

(報酬の支払期日等)

第4条　特定業務委託事業者が特定受託事業者に対し業務委託をした場合における報酬の支払期日は、当該特定業務委託事業者が特定受託事業者の給付の内容について検査をするかどうかを問わず、当該特定業務委託事業者が特定受託事業者の給付を受領した日（第2条第3項第2号に該当する業務委託をした場合にあっては、特定受託事業者から当該役務の提供を受けた日。次項において同じ。）から起算して60日の期間内において、かつ、できる限り短い期間内において、定められなければならない。

2　前項の場合において、報酬の支払期日が定められなかったときは特定業務委託事業者が特定受託事業者の給付を受領した日が、同項の規定に違反して報酬の支払期日が定められたときは特定業務委託事業者が特定受託事業者の給付を受領した日から起算して60日を経過する日が、それぞれ報酬の支払期日と定められたものとみなす。

3　前2項の規定にかかわらず、他の事業者（以下この項及び第6項において「元委託者」という。）から業務委託を受けた特定業務委託事業者が、当該業務委託に係る業務（以下この項及び第6項において「元委託業務」という。）の全部又は一部について特定受託事業者に再委託をした場合（前条第1項の規定により再委託である旨、元委託者の氏名又は名称、元委託業務の対価の支払期日（以下この項及び次項において「元委託支払期日」という。）その他の公正取引委員会規則で定める事項を特定受託事業者に対し明示した場合に限る。）には、当該再委託に係る報酬の支払期日は、元委託支払期日から起算して30日の期間内において、かつ、できる限り短い期間内において、定められなければならない。

4　前項の場合において、報酬の支払期日が定められなかったときは元委託支払期日が、同項の規定に違反して報酬の支払期日が定められたときは元委託支払期日から起算して30日を経過する日が、それぞれ報酬の支払期日と定められたものとみなす。

5　特定業務委託事業者は、第1項若しくは第3項の規定により定められた支払期日又は第2項若しくは前項の支払期日までに報酬を支払わなければならない。ただし、特定受託事業者の責めに帰すべき事由により支払うことができなかったときは、当該事由が消滅した日から起算して60日（第3項の場合にあっては、30日）以内に報酬を支払わなければならない。

6　第3項の場合において、特定業務委託事業者は、元委託者から前払金の支払を受けたときは、元委託業務の全部又は一部について再委託をした特定受託事業者に対して、資材の調達その他の業務委託に係る業務の着手に必要な費用を前払金として支払うよう適切な配慮をしなければならない。

(特定業務委託事業者の遵守事項)
第5条 特定業務委託事業者は、特定受託事業者に対し業務委託（政令で定める期間以上の期間行うもの（当該業務委託に係る契約の更新により当該政令で定める期間以上継続して行うこととなるものを含む。）に限る。以下この条において同じ。）をした場合は、次に掲げる行為（第2条第3項第2号に該当する業務委託をした場合にあっては、第1号及び第3号に掲げる行為を除く。）をしてはならない。

一 特定受託事業者の責めに帰すべき事由がないのに、特定受託事業者の給付の受領を拒むこと。

二 特定受託事業者の責めに帰すべき事由がないのに、報酬の額を減ずること。

三 特定受託事業者の責めに帰すべき事由がないのに、特定受託事業者の給付を受領した後、特定受託事業者にその給付に係る物を引き取らせること。

四 特定受託事業者の給付の内容と同種又は類似の内容の給付に対し通常支払われる対価に比し著しく低い報酬の額を不当に定めること。

五 特定受託事業者の給付の内容を均質にし、又はその改善を図るため必要がある場合その他正当な理由がある場合を除き、自己の指定する物を強制して購入させ、又は役務を強制して利用させること。

2 特定業務委託事業者は、特定受託事業者に対し業務委託をした場合は、次に掲げる行為をすることによって、特定受託事業者の利益を不当に害してはならない。

一 自己のために金銭、役務その他の経済上の利益を提供させること。

二 特定受託事業者の責めに帰すべき事由がないのに、特定受託事業者の給付の内容を変更させ、又は特定受託事業者の給付を受領した後（第2条第3項第2号に該当する業務委託をした場合にあっては、特定受託事業者から当該役務の提供を受けた後）に給付をやり直させること。

(申出等)
第6条 業務委託事業者から業務委託を受ける特定受託事業者は、この章の規定に違反する事実がある場合には、公正取引委員会又は中小企業庁長官に対し、その旨を申し出て、適当な措置をとるべきことを求めることができる。

2 公正取引委員会又は中小企業庁長官は、前項の規定による申出があったときは、必要な調査を行い、その申出の内容が事実であると認めるときは、この法律に基づく措置その他適当な措置をとらなければならない。

3 業務委託事業者は、特定受託事業者が第1項の規定による申出をしたことを理由として、当該特定受託事業者に対し、取引の数量の削減、取引の停止その他の不利益な取扱いをしてはならない。

(中小企業庁長官の請求)
第7条 中小企業庁長官は、業務委託事業者について、第3条の規定に違反したかどうか又は前条第3項の規定に違反しているかどうかを調査し、その事実があると認めるときは、公正取引委員会に対し、この法律の規定に従い適当な措置をとるべきことを求めることができる。

2 中小企業庁長官は、特定業務委託事業者について、第4条第5項若しくは第5条第1項（第1号に係る部分を除く。）若しくは第2項の規定に違反したかどうか又は同条第1項（同号に係る部分に限る。）の規定に違反しているかどうかを調査し、その事実があると認めるときは、公正取引委員会に対し、この法律の規定に従い適当な措置をとるべきことを求めることができる。

(勧告)
第8条 公正取引委員会は、業務委託事業者が第3条の規定に違反したと認めるときは、当該業務委託事業者に対し、速やかに同条第1項の規定による明示又は同条第2項の規定による書面の交付をすべきことその他必要な措置をとるべきことを勧告することができる。

2　公正取引委員会は、特定業務委託事業者が第4条第5項の規定に違反したと認めるときは、当該特定業務委託事業者に対し、速やかに報酬を支払うべきことその他必要な措置をとるべきことを勧告することができる。

3　公正取引委員会は、特定業務委託事業者が第5条第1項（第1号に係る部分に限る。）の規定に違反していると認めるときは、当該特定業務委託事業者に対し、速やかに特定受託事業者の給付を受領すべきことその他必要な措置をとるべきことを勧告することができる。

4　公正取引委員会は、特定業務委託事業者が第5条第1項（第1号に係る部分を除く。）の規定に違反したと認めるときは、当該特定業務委託事業者に対し、速やかにその報酬の額から減じた額を支払い、特定受託事業者の給付に係る物を再び引き取り、その報酬の額を引き上げ、又はその購入させた物を引き取るべきことその他必要な措置をとるべきことを勧告することができる。

5　公正取引委員会は、特定業務委託事業者が第5条第2項の規定に違反したと認めるときは、当該特定業務委託事業者に対し、速やかに当該特定受託事業者の利益を保護するため必要な措置をとるべきことを勧告することができる。

6　公正取引委員会は、業務委託事業者が第6条第3項の規定に違反していると認めるときは、当該業務委託事業者に対し、速やかに不利益な取扱いをやめるべきことその他必要な措置をとるべきことを勧告することができる。

（命令）

第9条　公正取引委員会は、前条の規定による勧告を受けた者が、正当な理由がなく、当該勧告に係る措置をとらなかったときは、当該勧告を受けた者に対し、当該勧告に係る措置をとるべきことを命ずることができる。

2　公正取引委員会は、前項の規定による命令をした場合には、その旨を公表することができる。

（私的独占の禁止及び公正取引の確保に関する法律の準用）

第10条　前条第1項の規定による命令をする場合については、私的独占の禁止及び公正取引の確保に関する法律（昭和22年法律第54号）第61条、第65条第1項及び第2項、第66条、第70条の3第3項及び第4項、第70条の6から第70条の9まで、第70条の12、第76条、第77条、第85条（第1号に係る部分に限る。）、第86条、第87条並びに第88条の規定を準用する。

（報告及び検査）

第11条　中小企業庁長官は、第七条の規定の施行に必要な限度において、業務委託事業者、特定業務委託事業者、特定受託事業者その他の関係者に対し、業務委託に関し報告をさせ、又はその職員に、これらの者の事務所その他の事業場に立ち入り、帳簿書類その他の物件を検査させることができる。

2　公正取引委員会は、第8条及び第9条第1項の規定の施行に必要な限度において、業務委託事業者、特定業務委託事業者、特定受託事業者その他の関係者に対し、業務委託に関し報告をさせ、又はその職員に、これらの者の事務所その他の事業場に立ち入り、帳簿書類その他の物件を検査させることができる。

3　前2項の規定により職員が立ち入るときは、その身分を示す証明書を携帯し、関係人に提示しなければならない。

4　第1項及び第2項の規定による立入検査の権限は、犯罪捜査のために認められたものと解釈してはならない。

第3章　特定受託業務従事者の就業環境の整備

（募集情報の的確な表示）

第12条　特定業務委託事業者は、新聞、雑誌その他の刊行物に掲載する広告、文書の掲

出又は頒布その他厚生労働省令で定める方法（次項において「広告等」という。）により、その行う業務委託に係る特定受託事業者の募集に関する情報（業務の内容その他の就業に関する事項として政令で定める事項に係るものに限る。）を提供するときは、当該情報について虚偽の表示又は誤解を生じさせる表示をしてはならない。

2　特定業務委託事業者は、広告等により前項の情報を提供するときは、正確かつ最新の内容に保たなければならない。

（妊娠、出産若しくは育児又は介護に対する配慮）

第13条　特定業務委託事業者は、その行う業務委託（政令で定める期間以上の期間行うもの（当該業務委託に係る契約の更新により当該政令で定める期間以上継続して行うこととなるものを含む。）に限る。以下この条及び第16条第1項において「継続的業務委託」という。）の相手方である特定受託事業者からの申出に応じて、当該特定受託事業者（当該特定受託事業者が第2条第1項第2号に掲げる法人である場合にあっては、その代表者）が妊娠、出産若しくは育児又は介護（以下この条において「育児介護等」という。）と両立しつつ当該継続的業務委託に係る業務に従事することができるよう、その者の育児介護等の状況に応じた必要な配慮をしなければならない。

2　特定業務委託事業者は、その行う継続的業務委託以外の業務委託の相手方である特定受託事業者からの申出に応じて、当該特定受託事業者（当該特定受託事業者が第2条第1項第2号に掲げる法人である場合にあっては、その代表者）が育児介護等と両立しつつ当該業務委託に係る業務に従事することができるよう、その者の育児介護等の状況に応じた必要な配慮をするよう努めなければならない。

（業務委託に関して行われる言動に起因する問題に関して講ずべき措置等）

第14条　特定業務委託事業者は、その行う業務委託に係る特定受託業務従事者に対し当該業務委託に関して行われる次の各号に規定する言動により、当該各号に掲げる状況に至ることのないよう、その者からの相談に応じ、適切に対応するために必要な体制の整備その他の必要な措置を講じなければならない。

　一　性的な言動に対する特定受託業務従事者の対応によりその者（その者が第2条第1項第2号に掲げる法人の代表者である場合にあっては、当該法人）に係る業務委託の条件について不利益を与え、又は性的な言動により特定受託業務従事者の就業環境を害すること。

　二　特定受託業務従事者の妊娠又は出産に関する事由であって厚生労働省令で定めるものに関する言動によりその者の就業環境を害すること。

　三　取引上の優越的な関係を背景とした言動であって業務委託に係る業務を遂行する上で必要かつ相当な範囲を超えたものにより特定受託業務従事者の就業環境を害すること。

2　特定業務委託事業者は、特定受託業務従事者が前項の相談を行ったこと又は特定業務委託事業者による当該相談への対応に協力した際に事実を述べたことを理由として、その者（その者が第2条第1項第2号に掲げる法人の代表者である場合にあっては、当該法人）に対し、業務委託に係る契約の解除その他の不利益な取扱いをしてはならない。

（指針）

第15条　厚生労働大臣は、前3条に定める事項に関し、特定業務委託事業者が適切に対処するために必要な指針を公表するものとする。

（解除等の予告）

第16条　特定業務委託事業者は、継続的業務委託に係る契約の解除（契約期間の満了後に更新しない場合を含む。次項において同じ。）をしようとする場合には、当該契約の相手方である特定受託事業者に対し、厚生労働省令で定めるところにより、少なくとも30日前までに、その予告をしなければならない。ただし、災害その他やむを得ない事由により予告することが困難な場合その他の厚生労働省令で定める場合は、この限りでない。

2　特定受託事業者が、前項の予告がされた日から同項の契約が満了する日までの間にお

いて、契約の解除の理由の開示を特定業務委託事業者に請求した場合には、当該特定業務委託事業者は、当該特定受託事業者に対し、厚生労働省令で定めるところにより、遅滞なくこれを開示しなければならない。ただし、第三者の利益を害するおそれがある場合その他の厚生労働省令で定める場合は、この限りでない。

（申出等）

第17条 特定業務委託事業者から業務委託を受け、又は受けようとする特定受託事業者は、この章の規定に違反する事実がある場合には、厚生労働大臣に対し、その旨を申し出て、適当な措置をとるべきことを求めることができる。

2 厚生労働大臣は、前項の規定による申出があったときは、必要な調査を行い、その申出の内容が事実であると認めるときは、この法律に基づく措置その他適当な措置をとらなければならない。

3 第6条第3項の規定は、第1項の場合について準用する。

（勧告）

第18条 厚生労働大臣は、特定業務委託事業者が第12条、第14条、第16条又は前条第3項において準用する第6条第3項の規定に違反していると認めるときは、当該特定業務委託事業者に対し、その違反を是正し、又は防止するために必要な措置をとるべきことを勧告することができる。

（命令等）

第19条 厚生労働大臣は、前条の規定による勧告（第14条に係るものを除く。）を受けた者が、正当な理由がなく、当該勧告に係る措置をとらなかったときは、当該勧告を受けた者に対し、当該勧告に係る措置をとるべきことを命ずることができる。

2 厚生労働大臣は、前項の規定による命令をした場合には、その旨を公表することができる。

3 厚生労働大臣は、前条の規定による勧告（第14条に係るものに限る。）を受けた者が、正当な理由がなく、当該勧告に係る措置をとらなかったときは、その旨を公表することができる。

（報告及び検査）

第20条 厚生労働大臣は、第18条（第14条に係る部分を除く。）及び前条第1項の規定の施行に必要な限度において、特定業務委託事業者、特定受託事業者その他の関係者に対し、業務委託に関し報告をさせ、又はその職員に、これらの者の事務所その他の事業場に立ち入り、帳簿書類その他の物件を検査させることができる。

2 厚生労働大臣は、第18条（第14条に係る部分に限る。）及び前条第3項の規定の施行に必要な限度において、特定業務委託事業者に対し、業務委託に関し報告を求めることができる。

3 第11条第3項及び第4項の規定は、第1項の規定による立入検査について準用する。

第4章 雑則

（特定受託事業者からの相談対応に係る体制の整備）

第21条 国は、特定受託事業者に係る取引の適正化及び特定受託業務従事者の就業環境の整備に資するよう、特定受託事業者からの相談に応じ、適切に対応するために必要な体制の整備その他の必要な措置を講ずるものとする。

（指導及び助言）

第22条 公正取引委員会及び中小企業庁長官並びに厚生労働大臣は、この法律の施行に関し必要があると認めるときは、業務委託事業者に対し、指導及び助言をすることができる。

（厚生労働大臣の権限の委任）

第23条 この法律に定める厚生労働大臣の権限は、厚生労働省令で定めるところにより、

その一部を都道府県労働局長に委任することができる。

第5章　罰則
第24条　次の各号のいずれかに該当する場合には、当該違反行為をした者は、50万円以下の罰金に処する。
　一　第9条第1項又は第19条第1項の規定による命令に違反したとき。
　二　第11条第1項若しくは第2項又は第20条第1項の規定による報告をせず、若しくは虚偽の報告をし、又はこれらの規定による検査を拒み、妨げ、若しくは忌避したとき。
第25条　法人の代表者又は法人若しくは人の代理人、使用人その他の従業者が、その法人又は人の業務に関し、前条の違反行為をしたときは、行為者を罰するほか、その法人又は人に対して同条の刑を科する。
第26条　第20条第2項の規定による報告をせず、又は虚偽の報告をした者は、20万円以下の過料に処する。

附　則
（施行期日）
1　この法律は、公布の日から起算して1年6月を超えない範囲内において政令で定める日から施行する。
（検討）
2　政府は、この法律の施行後3年を目途として、この法律の規定の施行の状況を勘案し、この法律の規定について検討を加え、その結果に基づいて必要な措置を講ずるものとする。

● 特定受託事業者に係る取引の適正化等に関する法律施行令〔施行令〕

令和6年政令第200号〔施行：令和6年11月1日〕

（法第5条第1項の政令で定める期間）
第1条 特定受託事業者に係る取引の適正化等に関する法律（以下「法」という。）第5条第1項の政令で定める期間は、1月とする。

（法第12条第1項の政令で定める事項）
第2条 法第12条第1項の政令で定める事項は、次のとおりとする。
  一 業務の内容
  二 業務に従事する場所、期間又は時間に関する事項
  三 報酬に関する事項
  四 契約の解除（契約期間の満了後に更新しない場合を含む。）に関する事項
  五 特定受託事業者の募集を行う者に関する事項

（法第13条第1項の政令で定める期間）
第3条 法第13条第1項の政令で定める期間は、6月とする。

附　則
（施行期日）
1　この政令は、法の施行の日（令和6年11月1日）から施行する。
2　〔省略〕

●公正取引委員会関係特定受託事業者に係る取引の適正化等に関する法律施行規則〔公取委規則〕

令和6年公正取引委員会規則第3号〔施行：令和6年11月1日〕

（法第3条第1項の明示）

第1条 業務委託事業者は、特定受託事業者に係る取引の適正化等に関する法律（以下「法」という。）第3条第1項に規定する明示（以下単に「明示」という。）をするときは、次に掲げる事項を記載した書面の交付又は当該事項の電磁的方法による提供により、示さなければならない。

一 業務委託事業者及び特定受託事業者の商号、氏名若しくは名称又は事業者別に付された番号、記号その他の符号であって業務委託事業者及び特定受託事業者を識別できるもの

二 業務委託（法第2条第3項に規定する業務委託をいう。以下同じ。）をした日

三 特定受託事業者の給付（法第2条第3項第2号の業務委託の場合は、提供される役務。第6号において同じ。）の内容

四 特定受託事業者の給付を受領し、又は役務の提供を受ける期日（期間を定めるものにあっては、当該期間）

五 特定受託事業者の給付を受領し、又は役務の提供を受ける場所

六 特定受託事業者の給付の内容について検査をする場合は、その検査を完了する期日

七 報酬の額及び支払期日

八 報酬の全部又は一部の支払につき手形を交付する場合は、その手形の金額及び満期

九 報酬の全部又は一部の支払につき、業務委託事業者、特定受託事業者及び金融機関の間の約定に基づき、特定受託事業者が債権譲渡担保方式（特定受託事業者が、報酬の額に相当する報酬債権を担保として、金融機関から当該報酬の額に相当する金銭の貸付けを受ける方式）又はファクタリング方式（特定受託事業者が、報酬の額に相当する報酬債権を金融機関に譲渡することにより、当該金融機関から当該報酬の額に相当する金銭の支払を受ける方式）若しくは併存的債務引受方式（特定受託事業者が、報酬の額に相当する報酬債務を業務委託事業者と共に負った金融機関から、当該報酬の額に相当する金銭の支払を受ける方式）により金融機関から当該報酬の額に相当する金銭の貸付け又は支払を受けることができることとする場合は、次に掲げる事項

イ 当該金融機関の名称

ロ 当該金融機関から貸付け又は支払を受けることができることとする額

ハ 当該報酬債権又は当該報酬債務の額に相当する金銭を当該金融機関に支払う期日

十 報酬の全部又は一部の支払につき、業務委託事業者及び特定受託事業者が電子記録債権（電子記録債権法（平成19年法律第102号）第2条第1項に規定する電子記録債権をいう。以下同じ。）の発生記録（電子記録債権法第15条に規定する発生記録をいう。）をし又は譲渡記録（電子記録債権法第17条に規定する譲渡記録をいう。）をする場合は、次に掲げる事項

イ 当該電子記録債権の額

ロ 電子記録債権法第16条第1項第2号に規定する当該電子記録債権の支払期日

十一 報酬の全部又は一部の支払につき、業務委託事業者が、資金決済に関する法律（平成21年法律第59号）第36条の2第1項に規定する第一種資金移動業を営む同法第2条第3項に規定する資金移動業者（以下単に「資金移動業者」という。）の第一種資金移動業に係る口座、同法第36条の2第2項に規定する第二種資金移動業を営む資金移動業者の第二種資金移動業に係る口座又は同条第3項に規定する第三種資金移動業を営む資金移動業者の第三種資金移動業に係る口座への資金移動を行う場合は、次に掲げ

る事項

　　イ　当該資金移動業者の名称

　　ロ　当該資金移動に係る額

2　特定業務委託事業者は、法第4条第3項の再委託をする場合には、前項各号に掲げる事項のほか、第6条各号に掲げる事項の明示をすることができる。

3　第1項第7号の報酬の額について、具体的な金額の明示をすることが困難なやむを得ない事情がある場合には、報酬の具体的な金額を定めることとなる算定方法の明示をすることをもって足りる。

4　法第3条第1項ただし書の規定に基づき、業務委託をしたときに明示をしない事項（以下「未定事項」という。）がある場合には、未定事項以外の事項のほか、未定事項の内容が定められない理由及び未定事項の内容を定めることとなる予定期日の明示をしなければならない。

5　次条第1項第1号に掲げる方法による明示は、特定受託事業者の使用に係る通信端末機器等により受信した時に、当該特定受託事業者に到達したものとみなす。

（法第3条第1項の電磁的方法）

第2条　法第3条第1項の公正取引委員会規則で定める電磁的方法は、次に掲げる方法のいずれかとする。

　　一　電子メールその他のその受信をする者を特定して情報を伝達するために用いられる電気通信（電気通信事業法（昭和59年法律第86号）第2条第1号に規定する電気通信をいう。）により送信する方法

　　二　電磁的記録媒体（電磁的記録に係る記録媒体をいう。）をもって調製するファイルに前条に規定する事項を記録したものを交付する方法

2　前項各号に掲げる方法は、前条に規定する事項が文字、番号、記号その他の符号で表示される方法でなければならない。

（共通事項）

第3条　第1条に規定する事項が一定期間における業務委託について共通であるものとして、あらかじめ、書面の交付又は前条に規定する電磁的方法による提供により示されたときは、当該事項については、その期間内における業務委託に係る明示は、あらかじめ示されたところによる旨を明らかにすることをもって足りる。

（未定事項）

第4条　法第3条第1項ただし書の規定に基づき、特定受託事業者に対し未定事項の明示をするときは、当初の明示との関連性を確認することができるようにしなければならない。

（法第3条第2項の書面の交付）

第5条　法第3条第2項に規定する書面の交付をするときは、第1条第1項から第4項まで、第3条、前条及び次条の規定を準用する。

2　法第3条第2項ただし書の公正取引委員会規則で定める場合は、次のいずれかに該当する場合（第1号又は第2号に該当する場合において、第2条第1項第1号に掲げる方法による明示がされた後に、特定受託事業者がその責めに帰すべき事由がないのに、第1条に規定する事項を閲覧することができなくなったときを除く。）とする。

　　一　特定受託事業者からの電磁的方法による提供の求めに応じて、明示をした場合

　　二　業務委託事業者により作成された定型約款（民法（明治29年法律第89号）第548条の2第1項に規定する定型約款をいう。）を内容とする業務委託が次のいずれにも該当する場合

　　イ　インターネットのみを利用する方法により締結された契約に係るものであること。

　　ロ　当該定型約款がインターネットを利用して特定受託事業者が閲覧することができる状態に置かれていること。

　　三　既に法第3条第1項又は第2項の規定に基づく書面の交付をしている場合

（法第4条第3項の事項）

第6条 法第4条第3項の公正取引委員会規則で定める事項は、次に掲げる事項とする。

一 再委託である旨

二 元委託者の商号、氏名若しくは名称又は事業者別に付された番号、記号その他の符号であって元委託者を識別できるもの

三 元委託業務の対価の支払期日

（措置命令書等の送達）

第7条 法第9条第1項の規定による命令に係る命令書又は当該命令の取消し若しくは変更の決定に係る決定書（以下この条及び第9条において「措置命令書等」という。）の謄本は、名宛人又は代理人にこれを送達しなければならない。

2 措置命令書等の謄本の送達に当たっては、法第9条第1項の規定による命令及び当該命令の変更の決定について取消しの訴えを提起することができる場合には、その旨を記載した通知書を添付するものとする。

（公示送達の方法）

第8条 公正取引委員会は、公示送達があったことを官報又は新聞紙に掲載することができる。外国においてすべき送達については、公正取引委員会は、官報又は新聞紙への掲載に代えて、公示送達があったことを通知することができる。

（更正決定）

第9条 措置命令書等に誤記その他明白な誤りがあるときは、公正取引委員会は、職権又は申立てにより、更正決定をすることができる。

2 更正決定に対しては、決定書の謄本の送達を受けた日から2週間以内に、公正取引委員会に対し、文書をもって異議の申立てをすることができる。

3 公正取引委員会は、前項の異議申立てを却下したときは、これを申立人に通知しなければならない。

附 則

この規則は、法の施行の日（令和6年11月1日）から施行する。

●厚生労働省関係特定受託事業者に係る取引の適正化等に関する法律施行規則〔厚労省規則〕

令和6年厚生労働省令第94号〔施行：令和6年11月1日〕

(法第12条第1項の厚生労働省令で定める方法)

第1条 特定受託事業者に係る取引の適正化等に関する法律（以下「法」という。）第12条第1項の厚生労働省令で定める方法は、書面の交付の方法、ファクシミリを利用してする送信の方法若しくは電子メールその他のその受信をする者を特定して情報を伝達するために用いられる電気通信（電気通信事業法（昭和59年法律第86号）第2条第1号に規定する電気通信をいう。以下「電子メール等」という。）の送信の方法又は著作権法（昭和45年法律第48号）第2条第1項第八号に規定する放送、同項第9号の2に規定する有線放送若しくは同項第9号の5イに規定する自動公衆送信装置その他電子計算機と電気通信回線を接続してする方法その他これらに類する方法とする。

(法第14条第1項第2号の厚生労働省令で定める妊娠又は出産に関する事由)

第2条 法第14条第1項第2号の厚生労働省令で定める妊娠又は出産に関する事由は、次のとおりとする。

一　妊娠したこと。

二　出産したこと。

三　妊娠又は出産に起因する症状により業務委託に係る業務を行えないこと若しくは行えなかったこと又は当該業務の能率が低下したこと。

四　妊娠又は出産に関して法第13条第1項若しくは第2項の規定による配慮の申出をし、又はこれらの規定による配慮を受けたこと。

(法第16条第1項の厚生労働省令で定める予告の方法)

第3条 法第16条第1項の規定による予告は、次のいずれかの方法により行わなければならない。

一　書面を交付する方法

二　ファクシミリを利用してする送信の方法

三　電子メール等の送信の方法（特定受託事業者が当該電子メール等の記録を出力することにより書面を作成することができるものに限る。第5条第1項第3号において同じ。）

2　前項第2号の方法により行われた予告は、特定受託事業者の使用に係るファクシミリ装置により受信した時に、同項第3号の方法により行われた予告は、特定受託事業者の使用に係る通信端末機器等により受信した時に、それぞれ当該特定受託事業者に到達したものとみなす。

(法第16条第1項の厚生労働省令で定める場合)

第4条 法第16条第1項に規定する厚生労働省令で定める場合は、次に掲げる場合とする。

一　災害その他やむを得ない事由により予告することが困難な場合

二　他の事業者から業務委託を受けた特定業務委託事業者が、当該業務委託に係る業務（以下この号において「元委託業務」という。）の全部又は一部について特定受託事業者に再委託をした場合であって、当該元委託業務に係る契約の全部又は一部が解除され、当該特定受託事業者に再委託をした業務（以下この号において「再委託業務」という。）の大部分が不要となった場合その他の直ちに当該再委託業務に係る契約の解除（契約期間の満了後に更新しない場合を含む。以下この条において同じ。）をすることが必要であると認められる場合

三　特定業務委託事業者が特定受託事業者と業務委託に係る給付に関する基本的な事項についての契約（以下この条において「基本契約」という。）を締結し、基本契約に基

資　　料　── 239

づいて業務委託を行う場合（以下この号において「基本契約に基づいて業務委託を行う場合」という。）又は契約の更新により継続して業務委託を行うこととなる場合であって、契約期間が30日以下である一の業務委託に係る契約（基本契約に基づいて業務委託を行う場合にあっては、当該基本契約に基づくものに限る。）の解除をしようとする場合

四　特定受託事業者の責めに帰すべき事由により直ちに契約の解除をすることが必要であると認められる場合

五　基本契約を締結している場合であって、特定受託事業者の事情により、相当な期間、当該基本契約に基づく業務委託をしていない場合

（法第16条第2項の厚生労働省令で定める開示の方法）

第5条　法第16条第2項の規定による開示は、次のいずれかの方法により行わなければならない。

一　書面を交付する方法

二　ファクシミリを利用してする送信の方法

三　電子メール等の送信の方法

2　前項第2号の方法により行われた開示は、特定受託事業者の使用に係るファクシミリ装置により受信した時に、同項第3号の方法により行われた開示は、特定受託事業者の使用に係る通信端末機器等により受信した時に、それぞれ当該特定受託事業者に到達したものとみなす。

（法第16条第2項の厚生労働省令で定める場合）

第6条　法第16条第2項に規定する厚生労働省令で定める場合は、次に掲げる場合とする。

一　第三者の利益を害するおそれがある場合

二　他の法令に違反することとなる場合

（立入検査の身分証明書）

第7条　法第20条第3項において準用する法第11条第3項に規定する職員の身分を示す証明書は、別記様式によるものとする。

（権限の委任）

第8条　法第17条第2項、第18条、第19条、第20条第1項及び第2項並びに第22条に規定する厚生労働大臣の権限は、厚生労働大臣が全国的に重要であると認めた事案に係るものを除き、特定業務委託事業者の事業所の所在地を管轄する都道府県労働局の長が行うものとする。

附　則

（施行期日）

1　この省令は、法の施行の日（令和6年11月1日）から施行する。

2　〔省略〕

別記様式　〔省略〕

●240

●特定業務委託事業者が募集情報の的確な表示、育児介護
等に対する配慮及び業務委託に関して行われる言動に起
因する問題に関して講ずべき措置等に関して適切に対処
するための指針〔厚労省指針〕

令和6年厚生労働省告示第212号

以下のURLもしくは令和6年5月31日官報号外特131号49頁～58頁参照。
https://www.mhlw.go.jp/content/001318005.pdf
https://www.jftc.go.jp/houdou/pressrelease/2024/may/01_4_fl_mhlwguidelines.pdf

●特定受託事業者に係る取引の適正化等に関する法律の
考え方〔解釈指針〕

令和6年5月31日公正取引委員会・厚生労働省

以下のURLを参照。
https://www.mhlw.go.jp/content/001259281.pdf
https://www.jftc.go.jp/houdou/pressrelease/2024/may/01_5_fl_jftcmhlwguidelines.pdf

●特定受託事業者に係る取引の適正化等に関する法律と独
占禁止法及び下請法との適用関係等の考え方〔執行指針〕

令和6年5月31日公正取引委員会

以下のURLを参照。
https://www.mhlw.go.jp/content/001259282.pdf
https://www.jftc.go.jp/houdou/pressrelease/2024/may/01_6_fl_jftcguidelines.pdf

事項索引

あ 行

アムールほか事件 ················ 179-181
安全衛生 ····························· 10-11
育児介護等 ········ 145・153・212・216
　――に関する配慮
　·························· 19・144・145-146
　――に対する配慮の申出
　····························· 145・152・155
　――の配慮義務 ········· 146・155-156
　――における望ましくない取扱い
　····························· 158-161
委託 ··································· 42
一括決済方式 ························· 52
一方的な継続案件の打ち切り ········· 4
一方的な契約内容の変更 ············· 4
インボイス ························ 102・109
役務 ··············· 44・74・106・108・111
役務の提供
　········· 44-45・71・75-76・113・117
　成功報酬型―― ··············· 75-76
　連続提供型―― ················· 75
欧州連合（EU） ······················· 6-7
親事業者 ····· 23-24・56・78-79・104・129
　――の遵守事項 ···················· 88

か 行

解除の予告(義務) ········· 195-196・200
　――の例外事由 ··············· 202-206
解除理由の開示（請求） ········ 208-209
　――請求の時期 ···················· 209
　――請求の例外事由 ················ 210
買いたたき ······· 88・106-109・116・128
過重労働 ···························· 16・109
カスタマーハラスメント ··············· 191
カスハラ　→カスタマーハラスメント

家内労働者 ···························· 24
家内労働法 ···························· 24
過料 ······························· 224・226
勧告 ···················· 126-127・216・224
帰責事由　→責めに帰すべき事由
偽装された雇用 ······················· 5・6
基本契約 ···· 91-93・148-151・198-199・
　203-204・206
給付内容 ··························· 59-60
　――の変更・やり直し ··· 88・118-119
給付を受領した日（給付受領日）
　···················· 69・70・73・83-84・93
給付の受領拒否　→受領拒否
競業避止義務 ························· 89
業務委託 ···················· 40・42-45
業務委託をした日 ····················· 59
業務委託事業者 ······ 18・23-24・47-48・
　55・65・67・129・136
業務災害補償 ························· 12
禁止行為 ··························· 16・19
空白期間 ······················ 93・148・150
経済的ハラスメント ······· 179・181・182
継続的業務委託 ········· 90-93・148-151・
　196・198-199
　――期間 ··························· 17
芸能事務所 ··························· 50
契約交渉中のハラスメント
　····························· 190・193-194
契約の解除 ··························· 199
契約の更新 ······· 93・94・148-150・195
契約の不更新 ····················· 200・201
契約労働者 ··························· 5
減額　→報酬の減額
建設アスベスト訴訟 ··················· 11
建設業法 ························· 24・45
購入・利用の強制 ··············· 88・111
購入強制 ··························· 128

242

公表 ················· 126・128・216-218
　──資料 ······························ 107
国際労働機関（ILO）··············· 5-6
顧客等からの著しい迷惑行為　→カス
　タマーハラスメント
5条書類 ······························· 57
国境をまたぐ業務委託 ··········· 40・45
誤分類 ································· 6

さ　行

再委託 ········· 62・80-81・155・157・203
　──の例外 ············· 77-78・80-84
最低報酬規制 ····················· 7・16・110
3条書面 ································ 61
　──の交付義務 ··············· 54-56
3条通知 ······· 54-56・58-64・80・82-83
　──の共通事項 ······· 63-64・92・101
　──の時期 ························ 63
　──の方法 ························ 64
　──の明示事項 ······· 58-61・83・138
自家利用役務 ····················· 44
事業者 ···················· 32・35・40
下請事業者 ·························· 79
下請代金 ·························· 51・71
下請法 ········· 22-24・43-45・54-56・65・
　77-79・126-127
指導・助言 ················· 125・215-216
支払期日 ························· 70-74
　──までに報酬を支払わないこと
　　が許容される場合 ··········· 77-79
支払遅延 ··············· 72・77・88・127
従業員を使用 ····· 18・34・36-38・47-48・
　65・226
従属的自営 ························· 6
修理委託 ··························· 44
受領拒否 ··············· 96・102・128
　──の禁止 ············· 87・88・96-98
遵守事項 ····················· 87-88
　七つの── ················· 87-89
消費税・地方消費税 ············· 51・100
情報成果物 ····················· 43・59
　──の作成（委託）········ 42-44・74・

108・113・116・120
助言　→指導・助言
申告 ································ 213
製造委託 ······ 42-43・104・112-113・116
責めに帰すべき事由 ····· 101-103・105・
　118-119・204-206
正当な理由 ······················ 67-68
セクシュアルハラスメント
　····························· 165・168-171
　──の行為主体 ··· 168・169・185-186
　環境型── ······················ 170
　対価型── ······················ 170
セクハラ　→セクシュアルハラスメン
　ト
専属義務 ·························· 89

た　行

体制整備義務（フリーランスからの
　相談対応）················· 219-221
立入検査 ······················ 124・213
他の事業者 ··············· 41・134-135
知的財産権 ····· 51・60・108・115・137
仲介事業者 ··················· 49・85
調査 ································ 129
長時間労働 ······················ 109
手形 ······················ 24・52・61
的確表示　→募集情報の的確表示
デジタル払い ···················· 52・61
電子記録債権 ···················· 52・61
電磁的方法 ··············· 19・55・62-65
当初の明示 ······················ 67・68
特定業務委託事業者 ········· 18-19・48・
　87・103・136・169・173
　──の遵守事項 ··················· 87
特定受託業務従事者 ··········· 36・38・39
特定受託事業者 ······ 18・25・36-39・119
　──になりうる者 ··············· 132
　──の責めに帰すべき事由
　·············· 78・96・98・101・103・119
　──の募集 ············· 132・133・136
　──の利益を害する行為 ·········· 114
特別加入制度 ······················ 12

独禁法 …………………… 8・22-24・88・123
取引条件の明示（義務）…… 32・54・126
取引の適正化 ………………… 15・19・32

な 行

七つの遵守事項 ………………… 87-89
日本標準産業分類 ………………… 94
妊娠・出産等に関するハラスメント
　→マタニティハラスメント
望ましくない取扱い　→育児介護等に
おける望ましくない取扱い

は 行

配慮義務 ……………… 144-146・155-157
配慮の申出
　………………… 145・158-159・161・172-176
　──がしやすい環境整備 ……… 152
　──等への嫌がらせ ………… 174
派遣労働者 ………………………… 37
罰金 ……………… 20・130・224-226
罰則 ……………………… 125・225
ハラスメント ……… 165-167・216-217
　──に対して行うことが望ましい
　　取組 ……………………… 190-192
　──に対する防止措置 …… 183-187
　──防止の体制整備義務 ……… 163
　カスタマー── …………… 190・191
　経済的── …………… 179・181・182
パワーハラスメント …… 166・177-179
パワハラ　→パワーハラスメント
秘密保持義務 …………………… 89
不当な経済上の利益の提供要請
　……………………………… 114
フードデリバリー ……………… 199
プライバシー …………………… 186
プラットフォーム事業者 ……… 16
フリーランス ………………… 2・36-38
　──の業種 …………………… 3
　──の法的地位 ……………… 26
　──の保護 …………………… 14
　──の労働者性 ………… 10・25-26

フリーランス・トラブル110番
　……………………………… 219-221
不利益取扱い … 159-160・186・188-189
返品の禁止 ……………………… 103
報告徴収 …………… 20・213・224-226
報酬 …………… 51・60・71・77-78・137
　──の額 ………………… 60・68
　──の減額 …… 52・99-101・179
　──の支払期日 …… 58・71-74・82-84
　──の支払遅延 ………… 4・23
　──の支払方法 …… 52・61・137
　著しく低い──の額 … 106・109・110
報復措置 ……………… 23・122・124
　──の禁止 ……………… 48・124
募集情報 ………… 132-133・138・143
　──の「虚偽の表示」………… 144
　──の「誤解を生じさせる表示」
　……………………………… 140-141
　──の「正確かつ最新の内容」
　……………………………… 142-143
　──の提供方法 ………… 136-137
　──の的確表示（義務）…… 132-134
　──の内容 …………… 134・136
補充の明示 ……………………… 68・69

ま 行

前払金 ………………… 80・85・86
マタニティハラスメント
　……………………… 165-166・172-173
　──の行為主体 ……………… 173
マタハラ　→マタニティハラスメント
未定事項 ………………… 67・68
命令 …………… 130・216-217・224
申出 ………… 122-123・211-213
　──の主体 …………………… 123
　──の対象となる違反事実 …… 212
　自発的── ………………… 128-129
元委託事業者 …… 155・157・169・192
元委託支払期日 ……………… 82-84
元委託者 …………… 83-85・203

● 244

や・ら・わ 行

優越的地位の濫用 ········· 23・42・87-89
予告すべき契約不更新 ················ 201
両罰規定 ····························· 224・225
労働者 ················ 25-26・169・173・183
　——性の判断基準 ················· 26-27
　労基法上の—— ············ 25-29・209
　労組法上の—— ·················· 25-28
労働法 ································· 25

■ 編著者・執筆者紹介 ■

● 編著者───

鎌田耕一（かまた・こういち）
　序章、Q1-1 ～ Q1-2、Q1-4、Q4-1 ～ Q4-8、コラム1、4、5執筆。
　　東洋大学名誉教授。中央大学法学部法律学科、同大学院法学研究科博士前期課程修了。釧路公立大学経済学部教授、流通経済大学法学部教授、東洋大学法学部教授を経て現職。専門分野は労働法。公職として厚生労働省労働政策審議会会長（2019年～2021年）を務めた。フリーランス関係では、厚生労働省「雇用類似の働き方に関する検討会」、「雇用類似の働き方に係る論点整理等に関する検討会」、厚生労働省「特定受託事業者の就業環境の整備に関する検討会」の委員（座長）を務めた。フリーランス関係の編著書として「フリーランスの働き方と法」（日本法令、2023年）。

岡田直己（おかだ・なおき）
　Q1-3、Q3-8 ～ Q3-16、コラム2、3執筆。
　　青山学院大学法学部教授。慶應義塾大学法学部法律学科、同大学院法学研究科修士課程・後期博士課程、青山学院大学大学院法務研究科助手、法学部准教授を経て現職。専門分野は経済法。2019年度から公正取引委員会職員研修（新規採用者研修、経済法理論研修）講師。公正取引委員会「特定受託事業者に係る取引の適正化に関する検討会」の委員を務めた。裁判上の法律意見書の作成を受託するなど実務連携も多く、フリーランス関係ではFEST VAINQUEUR事件知財高裁判決（令和4年㈨第10059号）で原審原告側の法律意見書を提出した。

● 執筆者——

中野雅之（なかの・まさゆき）

　Q2-1～Q2-2、Q4-9～Q4-23、Q5-1、コラム6～10執筆。

　　岩田合同法律事務所スペシャルカウンセル弁護士。厚生労働省労働基準局監督課長、財務省大臣官房審議官、厚生労働省労働基準局長を経て、2019年弁護士登録。主に人事労務案件を取り扱う。

石川哲平（いしかわ・てっぺい）

　Q2-3～Q2-5、Q3-1～Q3-7、Q3-17～Q3-18執筆。

　　岩田合同法律事務所パートナー弁護士。2013年弁護士登録。2014年公正取引委員会事務総局審査局管理企画課企画室、2017年公正取引委員会事務総局審査局訟務官付。当局調査対応、コンプライアンス体制整備、社内調査など独禁法や下請法の案件を多数取り扱う。近時の著書として、『免税事業者と取引条件見直しの実務　独禁法・下請法・フリーランス法への対応』（共著、中央経済社、2024）。

● 編集協力——

松田大樹（まつだ・たいき）

　Q2-3～Q2-5、Q3-17～Q3-18

　　岩田合同法律事務所弁護士。2020年弁護士登録。独禁法・下請法に関する法的助言や当局調査対応のほか、企業法務全般に関する法的助言を幅広く取り扱う。

鈴木莉子（すずき・りこ）

　Q3-1～Q3-7

　　岩田合同法律事務所弁護士。2022年弁護士登録。コーポレート案件、紛争解決、競争法案件など、企業法務全般に関する法的助言を幅広く取り扱う。

Q&A フリーランス法の解説
2025年3月10日　第1刷発行

編著者　　　　鎌　田　耕　一
　　　　　　　岡　田　直　己

発行者　　株式会社　三　省　堂
　　　　　代表者　瀧本多加志

印刷者　　三省堂印刷株式会社

発行所　　株式会社　三　省　堂
〒102-8371　東京都千代田区麹町五丁目7番地2
　　　　　電話　(03)3230-9411
　　　　　　https://www.sanseido.co.jp/

© K. Kamata, N. Okada 2025　　　　Printed in Japan

落丁本・乱丁本はお取替えいたします。〈Q&Aフリーランス法・264pp.〉
　　　　　　　　ISBN 978-4-385-32037-3

本書を無断で複写複製することは、著作権法上の例外を除き、禁じられ
ています。また、本書を請負業者等の第三者に依頼してスキャン等に
よってデジタル化することは、たとえ個人や家庭内での利用であっても
一切認められておりません。

本書の内容に関するお問い合わせは、弊社ホームページの「お問い合わせ」
フォーム（https://www.sanseido.co.jp/support/）にて承ります。